Uomo Alfa

Uomo Alfa

John Danen

Published by Jonh Danen, 2022.

UOMO ALFA

First edition. December 29, 2022.

ISBN: 979-8215202456

Written by John Danen.

Sommario

Che cos'è un maschio?

Il semplice fatto di essere nati maschi, purtroppo, non fa affatto di voi un maschio, perché non è la stessa cosa essere un uomo, ma essere un maschio. Così come nel mondo animale c'è il maschio alfa nel branco e ci sono altri beta, anche nella vita degli uomini, che ci piaccia o no, è così. Ci sono pochissimi maschi tra moltissimi uomini.

L'essere maschio è definito più dalla personalità che da qualsiasi altra cosa.

Un tempo gli uomini venivano educati dai genitori a essere dei macho. Mi dicevano cose come: "Non piangere, quello è per le ragazze, devi essere un uomo" e cose del genere. Oggi ho il sospetto che questa educazione, o almeno la trasmissione dei valori, non venga più fatta e che, a causa di questo modo di educazione paterna, compaiano pochi uomini macho.

È anche una questione di genetica, ci sono alcuni che sono predisposti al comando e ad essere veri maschi quasi per nascita, o quasi.

Anche la costituzione fisica ha un'enorme influenza. Perché essere un uomo forte e ben costruito dà una posizione di superiorità rispetto agli altri. Anche se il carattere della persona lo rende ancora più forte. Essere macho significa voler essere macho.

Oggi assistiamo a una criminalizzazione dell'essere uomo, soprattutto dell'essere macho, e viene incoraggiato il contrario. Più un uomo ha un ruolo femminile, più la società sarà felice. Ecco perché ritengo necessario, in questi tempi difficili per gli uomini, scrivere questo libro in cui viene rivendicata la figura del vero macho.

Il vero macho svolge un ruolo di leadership ed è sicuro di sé. Non ha nulla a che fare con questioni omofobiche o maschiliste, al contrario, è una persona che si rispetta e si fa rispettare, essendo orgogliosa di ciò che è.

Essere un macho è una questione di virilità, di mascolinità. Ci sono molti uomini, ma pochi macho. Per me è molto triste vedere uomini senza caratteristiche da macho. Uomini senza personalità, senza carattere, che si lasciano influenzare e dominare da chiunque. Che non vivono la vita che vorrebbero e che sono manipolati da tutti.

Ma essere macho è qualcosa di più di questo. Anche una ragazza o un gay possono avere queste caratteristiche e non diciamo "è un macho". L'essere macho è qualcosa che scopriremo nel corso di questo libro.

Caratteristiche del vero maschio.

Questo capitolo è praticamente un riassunto dell'intero libro. Per me le caratteristiche più importanti che un vero maschio deve avere sono le seguenti:

Mentale.

1. Fiducia in se stessi.
2. Determinazione ad affrontare le sfide necessarie.
3. Atteggiamento maschile.
4. Linguaggio del corpo calmo e sicuro.
5. Il gusto del rischio e dell'avventura.
6. Ambizione.
7. Leadership.
8. Evitare il confronto.
9. Discutere i problemi faccia a faccia.
10. Essere rispettati.
11. Lottare contro qualsiasi tipo di abuso verso se stessi o verso gli altri.
12. Aiutare gli svantaggiati.
13. Avere grandi capacità sociali e sapersi porre dal punto di vista dell'altro.
14. Essere una persona attiva.
15. Essere una persona sportiva e in forma.
16. Possedere magnetismo e carisma che attraggono il sesso

opposto.

17. Siate convincenti e persuasivi.
18. Essere un buon comunicatore.
19. Persone come me.
20. Evitare di mostrare segni di debolezza fisica o mentale.
21. Non lamentatevi mai del freddo o del caldo. Soprattutto con il freddo. Indossare indumenti leggeri indipendentemente dalla temperatura esterna.
22. Si ammalano poco o per niente.
23. Essere un grande amante. Compiere prodezze sessuali.
24. Tollera bene il bere.
25. Avere un'attitudine agli sport ed eccellere in uno di essi.
26. Avere un'ampia conoscenza generale.
27. Risolvere problemi che gli altri non sanno come risolvere, con sicurezza e determinazione.
28. In situazioni estreme, prendete l'iniziativa e portate a termine con successo i progetti in corso.
29. Essere una persona molto difficile da battere in caso di lotta. Sia per le capacità fisiche, sia per la determinazione, sia per il carattere aggressivo che emerge in quei momenti.
30. Essere una persona che si fa rispettare.
31. Siate coraggiosi, intraprendenti e vi piace affrontare sfide difficili.
32. Guidare un gruppo di uomini che si fidano di voi e del vostro giudizio.
33. Lotta contro qualsiasi tipo di abuso da parte di chiunque.
34. Non arretrare di fronte alle difficoltà.
35. Essere una persona ottimista e laboriosa
36. Trasmettete forza e determinazione a chi vi circonda.
37. Proteggere i deboli.
38. Incoraggiare gli scoraggiati.
39. Trasmettere entusiasmo per la vita.

Fisico

1. Preferibilmente voce maschile.
2. Corpo preferibilmente muscoloso.

Tutto ciò che ho detto potrebbe essere fatto benissimo anche da una donna. La differenza tra questa donna leader e un uomo macho è che l'uomo macho emana mascolinità, attrattiva virile e lo fa essendo molto virile, molto mascolino. È molto stimato e **apprezzato dalle donne.** Perché non prendiamoci in giro, il maschio è molto attraente.

Il vero macho è l'uomo eterosessuale che è molto attraente per le donne. Con caratteristiche alfa molto elevate di sicurezza e leadership.

Un uomo gay con tutte queste caratteristiche, beh, non mi viene in mente come chiamarlo, ma potremmo chiamarlo "**macho man**" dopo quella canzone dei Village people. È un nome molto appropriato.

Una donna che soddisfa anche queste caratteristiche di essere molto attraente e tutte quelle sopra citate, la definiremmo una **donna alfa.** Penso che sia fantastico che esistano e ovviamente li trovo super attraenti e super interessanti. Devono essercene altri.

Non nego che mi piace che un uomo abbia una mascolinità ben definita, che sia un macho.

Mi piace la donna più beta o più alfa. Sono stato con entrambi ed entrambi sono interessanti. Alcune sono tenere e delicate, altre sono sicure e determinate e io sono attratta da tutte. Lasciateli essere come vogliono.

La leadership non è una questione di genere, ma di mentalità.

- Donna + caratteristiche alfa = donna alfa.
- Donna + caratteristiche beta = donna normale.
- Uomo gay + caratteristiche alfa = uomo macho.
- Uomo gay + caratteristiche beta = gay normale.
- Donna lesbica + caratteristiche alfa = lesbica alfa.

- Donna lesbica + caratteristiche beta = lesbica normale.
- Maschio eterosessuale + caratteristiche beta = Maschio normale.
- **Maschio eterosessuale + caratteristiche alfa = Vero maschio.**

Concentriamoci sui maschi alfa eterosessuali, cioè sui **veri maschi.**

Abuso.

La caratteristica più importante del vero maschio è che **non tollera mai alcun abuso** da parte di nessuno. Chiunque lo faccia, il vero maschio si alza e chiede che l'abuso venga interrotto.

Un detto dice: "Tollera gli abusi e sarai un perdente, non tollerare gli abusi e sarai un vincitore".

Esprime sempre la sua opinione, anche se agli altri non piace e anche se va contro la sensazione generale. Il vero macho parla faccia a faccia e dice ciò che pensa in modo educato ma deciso. In quasi nessuna circostanza manca di esprimersi contro l'opinione generale, se questa è considerata da lui un abuso o qualcosa di ingiusto. Perché non gli importa che le persone non gli piacciano se sono persone che abusano o si approfittano degli altri. In alcune circostanze può tacere per pianificare meglio la sua risposta. Avendo più informazioni e più fatti. Fingendo di essere uno di loro. Ma ciò avverrebbe in circostanze eccezionali. Quando si tratta di un caso molto complesso e occorre raccogliere più dati per poter poi porre fine a tutti gli abusi.

È intelligente e sa quando tacere e quando parlare.

Risolvete con grazia.

Un'altra caratteristica importante è che il vero uomo risolve i problemi con prontezza, grazia e risoluzione. Non lascia che le cose si deteriorino e che la situazione diventi irreversibile. Non appena c'è un problema, lo affronta, si confronta con esso e lo risolve con ferma determinazione. Sa che le cose non accadono da sole e che devono essere risolte non appena si presentano.

Non si può rimandare, non si può rimandare a domani. Un domani che non arriva mai. **Un giorno di ferma determinazione vale più di una vita intera di procrastinazione.**

Non si fida di nessuno per risolvere le cose più importanti. Le fa lui stesso a sua discrezione. Può delegare, ma solo a persone di cui si fida molto, e naturalmente non delega le cose importanti.

Gli altri fanno le cose in ritardo, lentamente e male. Il vero macho affronta le sue responsabilità. Risolve i suoi problemi affrontando la situazione con piena convinzione.

Abitudini.

Chi ha un buon pensiero nella mente, dice le cose secondo questo pensiero e agisce secondo i criteri di questo pensiero. Dal pensiero si passa quindi all'azione.

Se questo pensiero rimane ben radicato nella mente, l'azione si ripeterà più volte. Perché è questo pensiero dominante che fa compiere l'azione. Questo farà nascere un'abitudine, in questo caso positiva.

Chi ha un'abitudine positiva, finisce per costruire una vita positiva.

Per avere successo bisogna avere due cose: una mente positiva e la disciplina per fare ciò che si vuole fare.

Mente positiva + disciplina = successo.

Ma quali sono le buone abitudini da praticare per avere successo nella vita?

Abitudine numero uno. **Riposare bene la notte.**

Dobbiamo dormire almeno otto ore al giorno, tutti i giorni. In questo modo saremo lucidi e abbastanza forti da affrontare ogni giorno. Non possiamo essere sonnolenti o stanchi fin dall'inizio.

Abitudine numero due. **Fate una buona colazione.**

È il pasto più importante della giornata e quasi sempre lo saltiamo o facciamo una colazione ridicola. Fare una colazione abbondante per avere energia durante la giornata è più importante di quanto sembri.

Abitudine numero tre. **Sorridere ogni mattina allo specchio** e dire a noi stessi: "Oggi sarà una giornata fantastica!

Dobbiamo amarci, piacerci, accettarci così come siamo e pretendere di migliorarci sempre di più. Pertanto, ogni giorno sorridiamo a noi stessi allo specchio e rallegriamoci di avere un giorno in più di vita per fare del bene.

Abitudine numero quattro. **Doccia ogni mattina.** Questo ci dà la sveglia e un'ottima energia per iniziare la giornata.

Abitudine numero cinque. **Mangiate poco e sano.**

In altre parole, la massima quantità di frutta, verdura e pesce. Evitare carne, pasta, carboidrati, torte, cioccolatini, dolci, pasticcini e alcol.

Un pasto leggero lascia lo stomaco leggero e il sangue sufficiente per arrivare al cervello, in modo che non rimanga bloccato nello stomaco a digerire! Sarete più svegli e più energici.

Abitudine numero sei. Ogni giorno **fate una breve passeggiata** per rinfrescarvi e staccare la spina. Questo può essere fatto alla fine della giornata lavorativa.

Abitudine numero sette. **Fate sport almeno** tre volte alla settimana, fino a un massimo di cinque volte alla settimana.

Anche troppo sport è negativo, perché sovraccarica l'organismo. Deve essere qualcosa di piacevole e leggero, che non vi affatichi ma vi dia energia.

Gli sport di squadra sono positivi, perché si conoscono le persone e si fa pratica di socializzazione con gli altri. Collaborare e coordinarsi con gli altri è utile per altre cose nella vita.

Abitudine numero otto. **Escursioni nella natura.**

Consiglio di fare almeno una passeggiata nella natura alla settimana. Si possono guardare gli alberi e le piante, sentire la freschezza, il senso di pace che trasmettono e disconnettersi da tutto. È quello che chiamano "bagno nella foresta".

Abitudine numero nove. **Fate sesso** almeno cinque volte alla settimana.

Questo fa molto bene alla prostata e alla salute e, inoltre, dà molto piacere. Non si scherza con la salute! Dovete fare sesso il più possibile. Aumenta la produzione di ormoni che rendono più virili. Il più importante è il testosterone. Vi troverete più sicuri di voi stessi e più in forma. Più macho.

Abitudine numero dieci. **Fate del vostro meglio** in ogni cosa che fate. Qualsiasi cosa facciate, fatela al meglio delle vostre possibilità. Spingetevi, sforzatevi di migliorare sempre di più.

Abitudine numero undici. **Compiere una buona azione ogni giorno.**

Così facendo, migliorerete la vita di una persona al giorno. Quella persona, a sua volta, sarà più felice e potrà fare lo stesso con gli altri. Questo crea una catena di felicità che parte dalla volontà di fare del bene.

Abitudine numero dodici. **Fate qualcosa di nuovo ogni settimana.**

Uscite dalla vostra zona di comfort, fate cose nuove anche se non vi piacciono molto. Andate in posti diversi, cambiate la vostra routine. In questo modo, amplierete il vostro mondo, le vostre esperienze e avrete una maggiore ricchezza interiore. Incontrerete persone e situazioni diverse. Uscire dalla propria zona di comfort almeno una volta alla settimana.

Abitudine numero tredici. **Imparare cose nuove** o approfondire quelle che già si conoscono.

La conoscenza non occupa spazio. Fate più ricerche, studiate, imparate cose, chissà che non vi servano in seguito? Più leggete e più imparate, più diventerete colti e più sarete saggi e tolleranti. Questo vi darà un'importante attrazione personale.

Abitudine numero quattordici. **Dedicatevi** costantemente **alla crescita personale.**

Leggere libri di auto-aiuto. Fate affermazioni positive. Leggere libri sulla programmazione neurolinguistica. Mettete in pratica quello che c'è scritto in quei libri.

Migliorare la voce, migliorare il linguaggio del corpo, migliorare la fiducia in se stessi. Migliorare la propria attrattiva, migliorare il proprio carisma, migliorare la propria capacità di persuasione e migliorare la propria capacità di seduzione. In breve, crescere costantemente attraverso affermazioni, visualizzazioni, letture ed esercizi. Questo è l'aspetto più importante. Non accontentatevi di essere come siete. Siate la vostra versione migliore, che non sappiamo nemmeno dove sia. È molto, molto alto. Quanto più in alto pensate di poter andare.

Abitudine numero quindici. **Circondatevi di persone positive**.

Le persone devono essere giudicate in base alle loro azioni e ai risultati che producono. Ci sono molte persone tossiche, negative, pessimiste e disfattiste. Persone che vivono vite amare e che trasmettono la frustrazione che si portano dentro. Anche se non dicono nulla, tutta la negatività viene trasmessa attraverso il linguaggio del corpo.

Per questo dobbiamo riunirci con persone positive, che contribuiscono, che sono buone. Dobbiamo allontanarci da tutti questi personaggi dannosi. Seguite il vostro istinto.

Abitudine numero sedici. Alla fine della giornata **riflettete su** tutto quello che è successo e su come migliorare. Ringraziare per la giornata e perdonare completamente i nostri errori. Non provare mai risentimento nei confronti di nessuno. Liberarci di ogni colpa, rabbia, dolore o lutto. Soprattutto se queste emozioni riguardano noi stessi, perché ci amiamo profondamente.

Abitudine numero diciassette. **Siate felici** anche se non c'è un motivo.

È uno stato mentale. Essere felici è una scelta e non dipende da ciò che vi accade o dalle circostanze o da altro. Dipende solo da voi. In Africa ci sono persone che non hanno nulla e sono felicissime. Non lasciate che le cose che vi accadono vi condizionino. Prendete tutto bene e siate felici anche se siete in punto di morte, o dopo una battuta d'arresto in amore o in denaro.

Tutto ciò che ci accade è ciò di cui abbiamo bisogno e sarà compreso nell'aldilà.

Linguaggio del corpo.

È stato detto mille volte, in mille libri, ma insisto ancora una volta. Solo il 7% della comunicazione è costituito da ciò che viene detto, il resto è costituito dal linguaggio del corpo (55%) e dalla voce (38%).

Per aumentare la vostra attrattiva e trasmettere in modo subliminale che siete un uomo di grande valore, fate questa pratica.

Ascolto attivo.

Ascoltate con attenzione. Dimostrate di essere attenti e di aver compreso ciò che vi è stato detto. Guardarla negli occhi, annuire. Dimostrate che è una persona speciale e che merita tutta la vostra attenzione. Questo dà un tocco di gentilezza molto piacevole.

Usate una voce sexy:

1. Parlando più lentamente.
2. Tono basso.
3. Sottolineare.
4. Volume modulabile. In genere un po' più forte del normale.
5. Provare la lettura ad alta voce. Intonare.

Avere un linguaggio del corpo che denota sicurezza:

1. Espandere, occupare molto spazio.
2. Guardateli negli occhi fino al 70% del tempo.
3. Sottolineare le parole con i gesti. Ad esempio, la mano destra aperta fa un taglio nell'aria per dare più forza a ciò che viene

detto.

4. Gestisce un po' più degli altri.
5. Evitare di incrociare le braccia, assumere posizioni aperte.
6. Siate rilassati e fluidi. Evitare le tensioni e i muscoli tesi.
7. Mantenere la schiena dritta.
8. Sorride, ma non sempre e non a tutti.
9. Camminare in piedi.
10. Sporgetevi verso l'interlocutore.
11. Evitare di suonare il tamburo con le dita.
12. Usare il rapporto con gli altri.
13. Mostra i palmi delle mani.
14. Muoversi lentamente.
15. Prendete tempo per rispondere. Sfruttate i silenzi a vostro vantaggio.
16. Socchiudere gli occhi, rilassando le palpebre. Questo è il cosiddetto look seduttivo. Sorridere con gli occhi stretti.

È sempre attraente. Anche da soli.

Confronti.

Questa è una caratteristica molto importante. **Un vero macho non evita mai il confronto.** Il mondo è pieno di persone educate, rispettose, rispettose, educate e spesso maltrattate per il loro eccesso di gentilezza.

Ricordate Zapatero? Chiaramente un maschio beta messo in un posto che non gli appartiene. Dialogare ed essere concilianti con tutti. A quanto ho capito, non lo rispettavano e doveva essere il Re, un vero Alfa, a dire a Chávez: Perché non stai zitto?

Di solito bisogna essere assertivi, cioè una persona che fa valere i propri diritti in modo educato, tollerante e rispettoso. Ma ci sono momenti in cui bisogna essere aggressivi e farsi rispettare in modo più forte e deciso e molto meno educato.

Come ho già detto, quando si tratta di abusi, il maschio si oppone all'abusante e rivendica i suoi diritti con grande forza. Intimidire e intimidire l'avversario. Questo si ottiene guardando negli occhi l'avversario con uno sguardo fisso, determinato e di sfida. Uno sguardo che trasmette la determinazione che l'abuso non sarà tollerato a nessun costo. Uno sguardo che dice che siete disposti a fare tutto il necessario.

Una delle caratteristiche dei maschi beta è quella di evitare il confronto. Tollerano l'abuso e quindi vengono abusati. Perché si vergognano di protestare, perché lo trovano violento e preferiscono essere maltrattati piuttosto che affrontare il confronto. Questo è il massimo dell'anti-macho. Proprio il maschio è caratterizzato da una buona dose di ormoni maschili, di testosterone, che incita alla violenza e alla lotta, che altrimenti vincerebbe.

Così era nella preistoria, quando era il maschio più forte e dominante a comandare. Era quello che cacciava meglio, il più determinato, quello che aveva compiuto grandi imprese. Colui che si era opposto al capo precedente e lo aveva rovesciato. Aveva i suoi consiglieri, che lo consigliavano, ma era l'alfa a comandare.

Le donne erano attratte dal leader del gruppo. Questo è ancora nei loro geni dopo milioni di anni di evoluzione e non viene assolutamente tolto loro. Siamo a poco più di cento anni dall'inizio dell'era attuale, che credo sia iniziata con l'invenzione dell'automobile. Cioè dal 1900 in poi.

Nei geni si trova l'essenza della pura attrazione ancestrale che non ha nulla a che fare con l'intelletto. L'attrazione per questo maschio forte e dominante funziona ancora al cento per cento.

Chi rifiuta questa attrazione va contro natura, perché è questo che vogliono la vita e la selezione naturale. Procreare con il maschio forte o con colui che esercita una forte leadership.

Attraverso l'intelletto alcuni corrompono questo principio andando contro la natura alla ricerca di altri maschi più docili e meno leader. Ma loro stessi sanno che perpetueranno geni peggiori e che ciò sarà dannoso per la specie.

Lo stesso vale per le persone ricche o in posizione di potere se non sono "il vero macho". Un macho, un fusto, atletico, muscoloso, con capacità di leadership, con grande fiducia in se stesso. Sono ugualmente pervertitori della vita e vanno contro la natura.

Se la natura vi ha dotato di un corpo atletico e avete più ormoni maschili di altri, siete destinati a essere l'alfa.

Questa cosa del corpo è molto importante, ci possono essere alcuni alfa non atletici, ma la maggior parte di loro lo sono.

Per questo motivo, sapendo di essere l'alfa, **dovete cercare insistentemente e permanentemente la vostra posizione di potere** nella società. Dovete far valere ciò che vi è stato dato dalla natura e non accontentarvi di lavori o situazioni in cui non esercitate la vostra leadership naturale.

Devi essere il maschio che ottiene il maggior numero di femmine e/o le migliori.

Dovete essere responsabili dei gruppi.

Dovete sfidare chiunque non assuma una posizione di sottomissione nei vostri confronti.

Per tutte queste ragioni, sono contrario a lavorare per altri, dove i beta possono comandarti a bacchetta. Sono favorevole alla creazione di un'azienda propria.

Quando un maschio beta in posizione di potere conquista una donna, lo fa per interessi economici e per garantire il sostentamento di un'eventuale prole, ma non per attrazione naturale. Quando un maschio alfa conquista una femmina, è per attrazione naturale.

Questi maschi beta in posizione di potere che riescono ad attrarre le donne non riusciranno a mantenerle a lungo. Perché il loro successo non si basa su una reale attrazione naturale. Pertanto, sono inclini a essere ingannati. Cercheranno il vero Alfa.

Alcuni possono preferire l'opzione beta, ma sanno che la vera e naturale attrazione è sempre per l'alfa.

L'alfa deve aiutarli un po'. Mettendo se stesso nella posizione di leadership e di potere che gli spetta di diritto. Poi le cose seguiranno il loro corso naturale.

Il valore del maschio.

Il vero maschio deve mostrare grande coraggio e audacia di fronte ad animali, nemici o situazioni pericolose, se le circostanze lo richiedono.

Dove si è mai visto un uomo scappare da una situazione di pericolo? Questo gli fa perdere tutto il valore che dovrebbe avere, il valore intrinseco di maschio interessante per la donna.

Parlo in modo paleolitico, perché tutto ciò proviene da quell'epoca ancestrale.

Il maschio doveva essere colui che proteggeva e si prendeva cura della sua tribù. Colui che ha affrontato i nemici, colui che li ha difesi dall'attacco delle bestie, colui che ha incoraggiato e incoraggiato gli altri a sopravvivere nella natura. Quello che guidava, quello che organizzava cosa fare, dove andare, cosa cacciare? Cosa cacciare? Quali frutti raccogliere? Dove rifugiarsi? Tutte queste sono state le decisioni del nostro maschio alfa. Ed è per questo che era così prezioso per l'intera tribù. Era la persona più preziosa.

Per tutti questi motivi, una delle caratteristiche più importanti di questo maschio primitivo era il **coraggio e l'audacia**. Oggi dobbiamo svolgere questo ruolo di protezione e di coraggio quando ci troviamo di fronte al pericolo. Soprattutto se è coinvolta una donna, il nostro ruolo è quello di proteggerla e aiutarla.

Quindi una persona che ha valore è anche una persona di valore. Anche oggi.

Il posto del maschio alfa nella scala del potere.

Per la sua genetica privilegiata, per il suo corpo atletico, per la sua mente risoluta, per la sua leadership naturale. Il maschio alfa oggi deve occupare le posizioni più alte nella nostra società, che è il suo posto naturale.

È nostra responsabilità raggiungere queste posizioni di potere in tutti gli ambiti. Credo che abbiamo le armi giuste per farlo e non possiamo accontentarci di posizioni subordinate o secondarie.

Il vero uomo è un leader che deve occupare la sua posizione preferita in qualsiasi organizzazione, lavoro o situazione sociale.

Dobbiamo quindi applicare la nostra testa per tornare al nostro posto.

A tal fine utilizzeremo:

Intelligenza.

Il più importante di tutti. Prendere le decisioni giuste e concentrare i nostri sforzi su questioni interessanti. Fare un buon piano per raggiungere gli obiettivi nei modi giusti, senza perdere tempo in altre questioni.

Determinazione.

Attuare il piano e portarlo a termine, superando eventuali ostacoli.

Disciplina.

Per creare un'abitudine a lavorare per raggiungere l'obiettivo. Non perdersi d'animo e adempiere ai propri obblighi quotidiani per raggiungerlo.

Il vero nemico.

Il vero nemico è sempre se stessi. Non si tratta del rivale, né di persone esterne. Siete voi, con la vostra mancanza di fiducia in voi stessi, a limitarvi e a non credere di essere degni delle cose e per questo non le raggiungete.

Quindi tutto il nostro allenamento deve essere mentale. Visualizzatevi costantemente nel vostro ruolo di successo e non vacillate mai nella vostra fiducia in voi stessi. Pensate a voi stessi come a una persona senza limiti, capace di raggiungere qualsiasi obiettivo.

Il rischio.

Il vero uomo ama il rischio e ama esporsi regolarmente.

È a causa dell'adrenalina che viene secreta quando ci si trova in una situazione rischiosa che si crea una dipendenza e se ne ha bisogno sempre di più. Così ci si espone a rischi sempre maggiori e pericolosi per la vita.

Per questo motivo l'uomo ha avuto innumerevoli incidenti nel corso della storia. Prima a cavallo, poi in auto e in moto. Il tutto a causa del suo gusto per il rischio.

Molti sono morti e il tasso di mortalità è molto più alto di quello della popolazione generale, poiché gli sport o le azioni rischiose sono sempre ricercate.

Alpinismo, arrampicata, bungee jumping, base jumping, paracadutismo, rafting, sci. Gli incidenti sono una triste realtà a causa del gusto per il rischio.

Devi essere un macho e ti piace correre dei rischi, ma in modo controllato. Io predico di avere una testa e di non esporsi troppo a cose pericolose.

Altre pratiche ad alto rischio sono: saltare dalle scogliere in mare, nuotare in fiumi che scorrono veloci, saltare dagli alberi nel fiume e molte altre attività che mettono a rischio la vita. Quindi fate attenzione, non dovete dimostrare costantemente la vostra virilità.

Il maschio tende anche ad amare i cani pericolosi o gli animali esotici. Come serpenti, tarantole e scorpioni. Guardate Mike Tyson che ha una tigre come animale domestico. Sembra che più l'animale è pericoloso, più si dimostra virilità. Ma queste sono sciocchezze che non hanno nulla a che fare con la vostra virilità. Prego che le persone rinsaviscano e non si espongano al pericolo.

Io sono il primo che si è esposto stupidamente a rischi inutili. Ho saltato dagli alberi e dalle corde nel fiume. Mi sono arrampicato sugli alberi. Ho scalato montagne e ho anche fatto escursioni di notte, in inverno e nella nebbia, attraverso foreste buie. Mi sono arrampicato in tunnel in rovina e ho esplorato case e rovine abbandonate. Ho affrontato le vespe velutine. Ho nuotato di notte nudo e inebetito, in fiumi impetuosi e su spiagge deserte.

Una volta ho scalato una vetta fino a raggiungere una piccola cengia. Era larga circa un metro e mezzo e si trovava sopra un dirupo. Potevo vedere le cime degli alberi sotto i miei piedi. Lì, appoggiato al muro, continuai ad andare avanti finché non riuscii più ad andare avanti. Le gambe cominciarono a tremare e dovetti tornare indietro.

Un'altra volta sono andata a fare un'escursione in montagna con mio cugino. Più che un'escursione, sembra un'arrampicata. Quando è stato il momento di tornare indietro perché si stava facendo buio, mi sono slogato una gamba e sulla montagna era buio. Per raggiungere l'auto abbiamo dovuto scendere attraverso i rovi e i dirupi, altrimenti avremmo passato la notte in montagna isolati. Meno male che eravamo in due! Grazie a questo siamo usciti da lì. Quindi, mai andare da soli e avere un po' di testa.

Un'altra volta ho visto le rovine di una chiesa. Sono andato lì e mi sono arrampicato su una scala senza corrimano o altro, fino al campanile. Durante la discesa sono scivolato su una pianta e la mia gamba è rimasta a penzoloni nel vuoto, e per miracolo sono riuscito ad afferrarmi. Altrimenti sarei caduto per due piani.

A tutti coloro che sono morti a causa di queste attività, che riposino in pace. Fate attenzione sulla strada, perché non è questo il luogo per dimostrare qualcosa.

Chiunque voglia correre sul circuito.

Un maschio deve anche sapersi controllare, per non mettere in pericolo gli altri o se stesso.

L'educazione del maschio.

Un tempo dicevo che si veniva educati a essere un vero uomo. Non ti era permesso piangere, non ti era permesso mostrare sentimenti. Questo non viene più fatto.

Voglio raccontarvi dell'educazione spartana che ho ricevuto da mio zio e che ha migliorato notevolmente la mia virilità.

Mio padre non ci ha dato un'educazione per così dire "virile", tutto ciò che ha fatto è stato punire e proibire, ma non ci ha dato alcun discorso o insegnamento sulle donne, o su cosa significhi essere un uomo nella vita, o su come comportarsi.

Fortunatamente nel lungo periodo, ma terribilmente difficile all'epoca, c'era mio zio che amministrava quell'educazione in modo estremo. Hardcore.

E io ero ancora molto benestante, perché i suoi figli andavano a picchiare al minimo fallo.

Lo paragono a uno di quei sergenti dei Marines. Quello con il giubbotto di metallo era un po' più pacato, ma a volte aveva quell'aspetto.

L'addestramento che noi ragazzi abbiamo seguito in quegli anni è stato molto duro. Dopo di che, non abbiamo avuto bisogno di fare il servizio militare, perché sarebbe stato un po' leggero in confronto.

Tra i dieci e i diciotto anni abbiamo ricevuto un'istruzione di questo tipo, che ora descriverò nei dettagli.

Mio zio aveva una barca fuoribordo e mandava me e mio cugino a portarla dalla spiaggia al mare, dal mare alla spiaggia, insieme ad altri compiti come fare benzina e trasportare le cose. Questo avveniva in estate, non tutti i giorni, ma molto spesso. Mettetelo tre volte alla settimana per due mesi all'anno.

Racconto come si svolgeva una normale giornata di allenamento.

Prima fase. Il deposito.

Mio zio manda i bambini su una spiaggia a quasi due chilometri di distanza, in modo da poter prendere il serbatoio della benzina e riportarlo alla barca, che si trova su un'altra spiaggia. Io e mio cugino andammo lì e tornammo carichi del serbatoio, che pesava molto, circa 20 chili. È successo solo una o due volte. Ora che il tempo è passato, penso che l'abbia fatto per completare la nostra formazione con il lavoro più duro. Eravamo un po' più grandi, avevamo 16 o 18 anni.

Dopo aver trasportato il serbatoio per due chilometri, siamo arrivati alla barca dove il ragazzo l'ha posizionato, l'ha collegato e siamo passati alla fase due.

Fase due. Portate la barca in mare aperto.

Questa fase è stata molto dura. La barca, che pesa circa 500 chili, doveva essere sollevata dalla punta. Poi abbiamo dovuto mettere dei rulli sul fondo per farlo rotolare, avvicinandolo al mare, a volte anche di 30 metri.

Mio zio sollevava la barca dalla punta. Ma altre volte ci mandava e noi dovevamo sollevare la punta e reggere il peso della barca come bestie. Poi la punta cadeva con tutto il suo peso sul rullo. Ci rimandava indietro e noi iniziavamo a spingere la barca con tutte le nostre forze. Mentre spingevamo, il ragazzo ci rimproverava, ci umiliava e ci insultava, chiamandoci direttamente molli, ragazzine o froci.

Quando l'imbarcazione ha finalmente raggiunto il mare dopo diverse spinte, è iniziata la fase 3.

Fase 3. Avvio del motore.

Questa fase è stata terribile, perché il ragazzo è diventato ancora più nervoso. Molte volte il motore si bloccava e non si avviava correttamente. Poi bisognava salire e tirare la leva con tutte le forze finché il motore non si avviava. Con il rischio di cadere in mare dall'esercizio. Oppure bisognava tenere la barca in acqua per evitare che si muovesse. Dovevi eseguire immediatamente e correttamente gli ordini di mio zio, pena una terribile sgridata. È qui che ha perso maggiormente il controllo e ci ha attaccato di più. Se mai scivolava o cadeva per lo sforzo di tirare quella cazzo di leva, ci rimproverava ancora di più. Se non si avviava correttamente, sgridava i bambini all'improvviso. Quando finalmente il fottuto motore si è acceso, ti ha fatto salire in mare senza una scala o altro. Tutto questo con l'elica in funzione. Ricordo come soffiava un fumo bianco e tossico, le bolle e il rumore. Il tipo ha avviato la barca lentamente e se non si era mai saliti prima, bisognava salire con la barca in moto. Non so come, ma siamo sempre riusciti a entrare. Deve essere stato a causa della tensione che avevamo e della paura di cadere e di essere catturati dall'elica.

Fase 4. A tutto vapore.

Una volta avviata la barca, il volto di mio zio cambiò e divenne più amichevole. A quel punto sfoderava il suo sorriso da vampiro e si dirigeva verso le onde più grandi che riusciva a trovare.

Noi bambini eravamo spaventati a morte, ma non potevi dire nulla perché eri solo un fattorino.

Quando vedeva una buona onda, il ragazzo si allineava perpendicolarmente ad essa in modo che la barca saltasse il più possibile. Tra le risate e l'euforia, l'uomo era in estasi mentre svolgeva queste attività.

Ma non contento, pensò di dover mettere più peso sulla punta, per far andare la barca ancora più veloce. Così mandò me e mio cugino a stare lì. Ci aggrappavamo al parabrezza della barca, che così prendeva più velocità e cavalcava le onde più terribili con selvaggia violenza, tra il terrore dei bambini. C'era il rischio concreto di volare fuori dalla barca e di cadere in mare o nella parte posteriore della barca. Non è stato uno scherzo, perché non c'era nessun posto a cui aggrapparsi, nessuna ringhiera, niente.

Un giorno c'è stata una grande onda e sono volato così lontano che mi sono quasi ribaltato. Per fortuna mi sono aggrappato al parabrezza e per questo non sono caduto in mare. Ho visto il cielo, fluttuando sopra la barca, aggrappandomi al parabrezza. Quando sono caduto ho urtato lo spigolo del parabrezza e mi sono tagliato così gravemente la schiena che mi è uscito il sangue.

Il percorso normale che abbiamo fatto, lui l'ha fatto con sua moglie in 45 minuti e con noi in cinque minuti.

A poco a poco siamo diventati coraggiosi con queste attività, va detto.

Quinta fase. Lasciare la pentola.

Alcuni giorni mio zio impazziva per la velocità e compiva azioni spericolate che mettevano in pericolo l'intero equipaggio. Ti tenevi alla barca, che andava così veloce, che sembrava che se avessi mollato la presa saresti volato all'indietro. Non era molto, ma ci ha dato questa impressione.

Un giorno iniziò a seguire una barca a vela e le onde che produceva ci colsero di sorpresa. Di conseguenza, la barca ha sbandato molto e mio zio è caduto nella parte posteriore della barca. La barca è rimasta senza skipper, navigando a tutta velocità senza nessuno al timone. Ha evitato per un soffio di cadere in mare. Quando si è ripreso, ci ha portato al mare, dicendo che era ferito e che eravamo terrorizzati. Ma alla fine non gli è successo nulla.

Un altro giorno un surfista gli stava arrivando davanti e lui stava andando per la sua strada. Non si è spostato e alla fine si è scontrato con lui. La tavola da surf cadde e colpì mia madre alla testa. Fortunatamente non è successo nulla né al surfista né alla madre.

Anche in questo caso stava andando a tutta velocità e non si è accorto di aver lasciato l'ancora. Mentre procedeva, trascinava l'ampia barca sul fondo del mare a tutta velocità. Se prendeva un sasso, fermava la barca e volava a cinque o sei metri di altezza con noi, e Dio solo sa se non ci ammazzavano.

Ma la gaffe più grande è stata quella che ha fatto a mio fratello e ai miei cugini più piccoli.

Dopo aver terminato il nostro addestramento, soddisfatto di come eravamo abbronzati, li prese per la collottola e fece qualcosa di ancora più duro. Consisteva nell'uscire in mare aperto, mettendoli a due o tre chilometri dalla costa. Una volta lì, disse loro di buttarsi in mare e li lasciò lì a galleggiare **per due ore**. Li ha lasciati con i rulli usati per tirare la barca dentro e fuori dal mare, per evitare che annegassero. Rimasero lì come naufraghi e lui lo fece due o tre volte.

A noi è successo una volta per un breve periodo di 5-10 minuti.

Un altro giorno mi sembra di ricordare che la barca si mise in moto ma non c'era nessuno dentro e cominciò a camminare da sola e dovemmo salire a bordo per evitare che andasse in quella direzione. Non ricordo bene, credo che si trattasse di qualche metro.

Fase 6. Mettere la barca sulla spiaggia.

Dopo tutte le vicissitudini che stavamo vivendo, è stato abbastanza facile. Con l'inerzia che avevo, stavo già infilando la punta nella sabbia. Poi abbiamo dovuto sollevare e spingere come nella fase di estrazione della barca. È stato abbastanza facile e noi eravamo già cresciuti grazie alle esperienze terrificanti e ce la siamo cavata abbastanza bene. Non ci ha rimproverato troppo perché si era già goduto il suo bel giro.

Valutazione finale.

Questo, amici miei, è l'insegnamento maschilista che ho ricevuto. Il tutto, con un sacco di frasi per rendervi duri e coraggiosi.

A volte è stato piuttosto brutto, ma per la maggior parte del tempo siamo stati soddisfatti della barca. Ci siamo divertiti molto perché siamo diventati sempre più coraggiosi. Alla lunga ne siamo usciti induriti. E anni dopo la fine del nostro addestramento, il ragazzo ebbe parole di riconoscimento e di apprezzamento per noi. Quando abbiamo fatto esplodere il suo motore, anni dopo il bastone che gli abbiamo dato, non ci ha affatto rimproverato. Probabilmente ne era contento.

Immagino che altre persone abbiano avuto altri ragazzi e altre barche che li hanno conciati. Qui vi ho raccontato cosa è successo.

Alla fine dico: "Grazie, amico!

L'immagine del maschio.

Un uomo crea il suo stile personale. Non ha molto a che fare con le mode, né con l'appartenenza a gruppi sociali.

Ci possono essere maschi vestiti in modi diversi e tutti sono maschi validi. C'è chi tiene molto alla propria immagine e chi non ci tiene affatto.

In generale, meno ornamenti indossa un uomo, più è puro e maschio. Braccialetti, anelli, ciondoli, piercing, tatuaggi, ecc. Meno si indossa, più si è sicuri di sé e meno si dipende dai feticci per avere fiducia in se stessi. Il vero uomo ha una grande fiducia in se stesso, indipendentemente da come è vestito, e non ha bisogno di legami.

Questo non vuol dire che non ci siano maschi che amano indossare ciondoli, bracciali, anelli e ogni tipo di accessorio perché gli piace. Personalmente, mi piace indossare diverse cose.

Penso anche che sia molto importante avere la barba, che è un attributo molto virile. Anche baffi e pizzetto esaltano la mascolinità. E, naturalmente, di non radersi. Un uomo macho non è affatto metrosessuale, è peloso e ne va fiero. Ci possono essere ragazzi molto virili con i capelli rasati, ma per me non sono affatto macho.

Il maschio è così sicuro di sé che spesso non si preoccupa troppo della sua immagine e non indossa abiti di marca o costosi o qualsiasi cosa che lo incaselli in un gruppo sociale.

Il maschio indossa un'immagine standard, valida per tutti i contesti. È adatto per un concerto rock e per un bel pub.

Alcuni uomini indossano magliette attillate che mettono in mostra il petto e i muscoli. Altri indossano camicie aderenti.

Altri ignorano tutto questo e vanno semplicemente come vogliono.

L'aspetto importante dell'immagine del macho è che trasuda mascolinità. Questa immagine è in gran parte costituita dal linguaggio del corpo. Quindi i vestiti passano in secondo piano.

Il cibo del maschio.

Il maschio ama mangiare abbondantemente e frequentemente. Niente gli fa male e può mangiare tutto quello che vuole.

Al maschio piace il cibo caldo e piccante. La carne è particolarmente gustosa.

Il maschio mangia abbondantemente perché ha bisogno di molta energia per mantenere il suo corpo muscoloso.

Più il cibo è piccante e forte, meglio è.

Il cibo messicano è ottimo. Un uomo può mangiare verdure se vuole, ma non sta mostrando la sua virilità.

È al barbecue, dove il maschio dimostra di essere un vero macho mangiando il churrasco, le patate, il criollo, il chorizo, il sanguinaccio, il roast beef e tutto ciò che viene messo sopra.

Il cibo del maschio non è particolarmente salutare, anzi, ma è l'unica cosa che lo sazia davvero.

In questo caso consiglio di essere un po' meno macho e di passare al veganesimo, che è molto più salutare.

Il maschio e il clima.

Un vero macho non indossa mai vestiti caldi. Non ha mai avuto freddo, mai nella sua vita. Il foulard è un capo di abbigliamento assolutamente vietato. L'ombrello è un altro accessorio che non trova posto nel suo mondo.

Il maschio è sempre molto svestito e affronta le intemperie a torso nudo.

Il vero maschio indossa sempre le maniche corte sotto il cappotto in inverno. Questo cappotto è molto apprezzato perché gli permette di rimanere in maniche corte, cosa che gli piace di più. Meno vestiti ha, più è macho.

Un maschio non starnutisce mai. Un maschio non tossisce mai. Un maschio non indossa mai un fazzoletto, né si soffia il naso, questo è per le beta.

Naturalmente un maschio, non si ammala mai. Le influenze invernali non lo accompagnano e ha un sistema immunitario a prova di bomba.

È un peccato vedere queste povere persone avvolte in mutande, camicie, maglioni, cappotti, sciarpe, guanti e talvolta anche cappelli per proteggersi dal freddo. Un uomo va in maniche corte con un cappotto, tutto il resto è pigrizia.

Se piove ci si bagna. È vietato portare con sé un ombrello.

Un maschio non si secca e non rabbrividisce mai. Non trema, non ha vertigini, non si sente male, non si sente stanco. Un maschio è sempre fantastico, cazzo. Il giorno in cui muore, è il giorno in cui il maschio è cattivo. Il resto è fottutamente fantastico.

Alcuni maschi muoiono mentre sono ancora caldi fino a pochi minuti prima di morire.

Un maschio è sempre sexy. Un maschio fa il bagno in Galizia da aprile a metà ottobre e a Valencia tutto l'anno.

Ma non prendiamoci in giro, un uomo, un maschio, fa il bagno tutto l'anno, ovunque.

La gente va in giro con sciarpe e cappotti e i maschi sono in spiaggia a fare il bagno il 3 gennaio. E se gli si chiede: "Com'è l'acqua? - Lui risponde: "Grande".

Il maschio e il resto.

Un maschio non ha bisogno di dormire molto, è una cosa da teneroni. Sei ore sono più che sufficienti. Spesso 4 ore sono sufficienti e ci sono volte in cui dorme due o tre ore e non succede nulla, recupererà un altro giorno dormendo 8 ore.

Un maschio va a letto tardi e si alza presto.

Un maschio non è mai stanco e se è un po' stanco, fa un pisolino di quindici minuti e si sente molto meglio.

Il maschio non ama le persone assonnate. È un sintomo di morbidezza.

Un maschio è sempre in forma, riposato e pieno di energia.

Un maschio non si ferisce mai e se lo fa non si lamenta. Raramente un maschio viene ferito. Un maschio è raramente malato.

Un maschio non si scalda troppo a letto. Un maschio non accende il riscaldamento. Un maschio non si preoccupa del rumore e può dormire con la finestra aperta anche in inverno. Un maschio non è infastidito dalla luce. Un maschio non è infastidito da nulla, perché dorme benissimo ovunque, in qualsiasi letto, o anche per terra su un materasso.

Un uomo non si addormenta mai guardando la televisione sul divano. Né si avvolge in una coperta. Tutto questo è debole.

L'uomo e le notizie.

Un vero macho non guarda mai un telegiornale perché è una fonte di disinformazione e di bugie. È una perdita di tempo che non serve a nulla. Invece può leggere i loro libri o guardare i loro documentari, dove imparerà cose interessanti per lui. Il vero macho cerca le sue fonti di informazione su Internet. Non si fida di tutto ciò che gli viene detto dai telegiornali e dai media ufficiali.

Il vero uomo cerca la verità per se stesso.

Il maschio e l'amore.

Un vero macho non va in giro a vantarsi delle sue conquiste o imprese. Al contrario, non ne parla. Essere macho non è legato all'essere un donnaiolo. Ci sono maschi molto macho che sono formali e fedeli e altri che sono tremendamente donnaioli.

Ciò che caratterizza l'uomo innamorato è che dà sicurezza e protezione alla propria fidanzata o moglie. Si comporta in modo corretto e la tratta molto bene. Questo è essere un macho innamorato. È anche responsabile con i suoi figli e si sforza di crescere la sua famiglia.

Se non ha una fidanzata, non ha una famiglia, non ha una moglie, non ha responsabilità, allora il maschio si caratterizza per quanto bene fa l'amore con le ragazze e per quanto si divertono con lui.

Anche se non si innamora, offre bei momenti e tutte le ragazze vogliono stare con lui.

Un traditore è meno macho, perché un vero macho non ha bisogno di tradire. Un vero macho o ha una relazione stabile o sta flirtando, mai entrambe le cose.

Il collettivo maschile e quello LGTB.

L'uomo macho rispetta e si attiene a tutte le persone indipendentemente dal loro orientamento sessuale e non le critica o discrimina mai per nessun motivo.

Essere macho non è affatto legato all'essere maschilista o all'essere omofobo. Al contrario, un uomo macho vuole la diversità in termini di orientamento sessuale. Non è né macho né femminista, è semplicemente lui.

Il maschio e la paura.

Ci possono essere cose che lo spaventano molto, ma lui le affronta e le supera.

Salire in aereo, al buio, camminare da soli di notte nella foresta, addentrarsi nelle zone pericolose delle città. A tutto! La paura esiste, ma il vero uomo è caratterizzato dal superamento delle sue paure.

Inoltre, cerca nuove sfide che lo spaventano anche se non ce n'è bisogno, per diventare sempre più coraggioso.

Consiglio di fare passeggiate nei boschi di notte da soli, o di entrare in tunnel abbandonati completamente bui o in case abbandonate. Qualsiasi cosa vi spaventi, fatela e supererete la paura.

Il maschio e la competitività.

Non vedrete mai nessun uomo praticare uno sport in modo fiacco, svogliato, apatico, indolente. Non gioca mai senza competere, ma solo per divertirsi.

Un maschio compete sempre e gioca sempre al massimo. Vincere e schiacciare l'avversario. Chiunque voglia batterlo dovrà impegnarsi al massimo. Inoltre, l'uomo pratica e si esercita in questo sport fino a diventarne un maestro e a raggiungere un livello molto alto. Praticamente irraggiungibile per chi non ha questa aggressività e competitività.

Se mai perde, cosa che accade raramente, chi lo ha battuto ha dovuto fare uno sforzo bestiale e ha vinto con margini ridottissimi. Il maschio chiederà presto vendetta, perché non tollera di essere il secondo in nulla.

È questa competitività che lo porta al vertice in tutti gli ambiti.

Non riesco a concepire come possano esistere persone senza sangue, che attraversano la vita tranquillamente, senza combattere, senza mostrare al mondo il potere che hanno.

Profumi.

Trovo inconcepibile che oggi si consumino profumi costosi, credendo che questo li aiuti a sedurre le ragazze.

Le pubblicità dei profumi sono sempre in TV, soprattutto nel periodo natalizio, sempre associate a ragazze, uomini virili e seduzione.

Sono tutte falsità.

Inoltre, il profumo camuffa o elimina il proprio odore corporeo che contiene feromoni. Sono quelli che attraggono chimicamente le ragazze. Non è necessario essere troppo lavati, perché questo rimuove i feromoni. I profumi fanno perdere l'attrattiva animale con odori innaturali.

E appestano l'ambiente con sostanze chimiche tossiche.

Inoltre, i prezzi mi sembrano ridicoli. Se quello che si vuole è avere un buon odore, in qualsiasi supermercato, per pochi soldi, ci sono profumi che hanno un odore migliore delle stronzate che la gente compra. I marchi e i nomi sono truffe.

Il maschio è un cattivo consumatore perché non ha bisogno di nulla di esterno per essere attraente, tanto meno di un profumo.

Le fidanzate degli amici.

È spiacevole vedere come le fidanzate dei vostri amici siano sospettose nei vostri confronti a causa della vostra elevata mascolinità.

Lo fanno perché temono che i loro fidanzati diventino meno sottomessi e più indipendenti unendosi a voi, a causa della vostra influenza di maschio alfa su di loro.

Per questo motivo, cercano di impedirgli di venire con voi. Quando voi, l'amico e la sua ragazza vi incontrerete, prima o poi questa donna tirerà fuori l'ostilità che nutre nei vostri confronti. Ci sarà un confronto con lei per qualche attacco immeritato che vi farà. Il che dimostra quanto sia ostile nei vostri confronti e quanto poco vi apprezzi.

Ti vedono come un pericolo per i loro fidanzati e per questo ti maledicono.

L'alfa deve essere tenuto lontano dai maschi beta, per evitare che diventino saggi.

In generale, essere il più forte fa sì che siate il bersaglio di tutte le critiche e gli attacchi.

Padel.

Questo è uno sport di egomania e di maschi alfa dall'ego smisurato. Si creano gruppi chiusi in cui si possono battere i rivali. Arrivate come un nuovo maschio alfa nel pollaio, mettendolo sottosopra e picchiando tutti con umilianti percosse. A quel punto o vi accettano come nuovo maschio alfa, oppure vi escludono e non vogliono più giocare con voi.

È anche un luogo di clientelismo e pajeroismo, dove si formano cricche basate sull'affinità mentale. A seconda del livello di follia che si ha.

Ti escludono perché li hai battuti e perché non fai parte del loro piccolo gruppo di imbecilli. Li scontentate a tal punto che escogitano ogni sorta di scusa per giustificare le loro umilianti sconfitte.

In generale, i beta pullulano intorno a pochi veri Alfa. Questi veri Alfa riconosceranno il vostro livello. Ma non i beta che sono seguaci di questi alfa, che lodano e difendono, e che fanno cadere un mito se vai a battere il loro leader.

I beta a volte diventano vostri seguaci una volta battuti, ma a volte, nella maggioranza, vi criticano per le umiliazioni subite. Per trasformarli in vostri seguaci dovete sconfiggere il loro maschio alfa.

Il problema più grande sono i beta che hanno un ego terribile e spesso sono giocatori mediocri. Vanno con un giocatore eccellente e si assumono i meriti dell'alfa, pensando di essere quasi come lui e guardando dall'alto in basso i giocatori molto superiori, solo perché vanno con l'alfa.

Questi alfa, se non sono sinceri o hanno delle crepe nella loro leadership, a volte hanno paura di giocare con voi perché sanno che se perdono, potrebbero perdere i loro seguaci. Pertanto, evitano il confronto con voi fino a quando non ci sono circostanze favorevoli in cui possono vincere.

I beta, invece di riconoscere l'alto livello che avete, ignorano le vostre qualità e vi mettono da parte perché stanno subendo un duro colpo e il loro ego non lo sopporta. Si rifugiano nell'alfa e se giocheranno di nuovo contro di voi, sarà con il loro leader e voi con uno non molto bravo. Se riusciranno a vincere questa partita, la mediocre beta vi guarderà dall'alto in basso come se foste molto, molto, molto inferiori. È un peccato.

Ma quando hai il livello che hai, ci sono fan dappertutto. Sono stupiti e spaventati da voi e voi create il vostro gruppo di giocatori dove siete apprezzati e rispettati. Così, prima o poi, si torna alla posizione di leadership che si odia riconoscere.

Ogni volta che si affronta una partita contro i falsi alfa, questi vengono sconfitti e umiliati senza pietà, rafforzando così la propria leadership tra i seguaci.

Ogni vittoria su un vero alfa sottrae seguaci e aumenta i vostri seguaci.

Ve lo dico io, invidiosi e seguaci, questo è ciò che attende i maschi alfa di tutto il mondo.

Quando il vero Alpha cade, il mondo del padel è in fermento. La notizia si diffonde molto rapidamente e presto persone che non hanno mai giocato con voi saranno desiderose di giocare e di diventare vostri amici. Perché vi vedono come il nuovo alfa a cui avvicinarsi, in modo da poter vincere anche loro.

Sono pochi i veri Alfa che sono rivali o partner sani e validi.

Non è tutto negativo, in generale, nonostante ciò che viene postato qui, è eccellente e serve a sviluppare le vostre abilità Alpha. È un peccato che ci sia tanta invidia. Ma lo troverete lì e ovunque. Bisogna sapere come affrontarlo.

Il padel è una similitudine della vita e tutto ciò che ho detto qui accade ovunque. Per questo motivo serve come esempio di come comportarsi nella vita.

La struttura dei gruppi di amici.

Il funzionamento è lo stesso del padel. Ci sono uno o più maschi alfa che hanno molti seguaci beta che li acclamano, li lodano e li idolatrano.

Ricordo quando avevo 26 anni. Ero in città da due anni, ma ero andato con i miei amici dell'altra città in cui vivevo che studiavano qui. Quindi qui non conoscevo quasi nessuno della città. Quando i miei amici se ne sono andati, sono rimasta senza amici. Poi ho incontrato un gruppo di persone con cui non mi sono mai trovato a mio agio.

Erano ragazzi guidati da tre leader. Il resto erano poveri uomini che erano praticamente fan di questi ragazzi. Alcuni con l'autostima ai minimi termini. Frequentavano i leader per vedere se riuscivano a rimorchiare, o almeno per assegnarsi un po' dello status che apparteneva a questi altri.

Due di questi capi erano molto belli, alti, possenti e forti, mentre un altro era alto, ma non così possente, non così bello e più stronzo.

Tra questi Alfa ce n'era uno che era un bravo ragazzo, simpatico, bello, gentile e trattava bene le persone. Per me è stato il vero leader. Era il più civettuolo, il più versatile. Era di un livello molto alto. Ti trattava molto bene ed era gentile perché era un vero Alfa. È successo che è venuto raramente perché andava sempre da una donna all'altra.

Poi ce n'era un altro, anch'egli superdotato e bello, ma molto presuntuoso e arrogante. Trattava le persone con disprezzo e sarebbe stato il secondo alfa.

Infine, c'era un terzo alfa che era il meno bello, il meno affascinante, ma quello che ci credeva di più e il più stupido. Un vero stronzo che ha mantenuto il suo vantaggio con un sottile margine sui beta.

Questi ultimi due vi hanno escluso dalle loro conversazioni e dal loro rotolo. Tra i beta c'erano buoni seduttori, soprattutto due di loro che si distinguevano. Sarebbero, per così dire, i leader tra i beta, ma subordinati a questi tre. Ero nuova e non mi conoscevano, ero nel gruppo delle beta con una brutta sensazione, perché non mi sentivo affatto a mio agio. Non c'era altro, non c'erano altre persone che conoscevo. Stavo solo tenendo duro. La mia posizione nel gruppo sarebbe stata la settima di una quindicina di persone.

Per un po' non sono stata felice, perché non mi divertivo e mi sentivo a disagio. Ma **quando si è un maschio alfa, non si può essere sottomessi a lungo.**

Non mi sono piaciuti i posti in cui siamo andati. Mi piace fare di testa mia, ero al comando e lì sono stato costretto a seguire la folla. Quando uscivo la sera, mi separavo dal gruppo e rimorchiavo le ragazze in altri pub. Ma loro non se ne accorsero, né l'alfa né i beta, quindi il mio status non aumentò nel gruppo.

Devo dire che non si trattava di un gruppo qualsiasi. Credo che si trattasse dell'élite della folla cool della città, composta da baristi di pub e da vari altri ragazzi cool. La maggior parte di loro era molto elegante, molto altezzosa e di presunta buona famiglia. Non si relazionavano con il resto della gente, perché pensavano di essere superiori a tutti gli altri.

Soprattutto i primi due Alpha erano belli, ma belli, belli. Vedendo queste persone, ho adottato un atteggiamento più sottomesso, perché tra i Beta c'erano anche bravi seduttori e persone piuttosto simpatiche. Non c'erano solo ragazzi umili.

Ricordo che ce n'era uno molto negativo che diceva: "Noi siamo la storia", come se la notte non avesse alcuna possibilità per lui. Per di più ti metteva in questa frase disfattista, ponendoti al suo livello. Lanciava slogan disfattisti che non aiutavano in alcun modo a superare la notte.

Soprattutto in quegli ambienti chiusi e signorili che non mi piacevano affatto.

È stato allora che è **emerso il mio spirito di competizione** e di auto-miglioramento.

Prima ho affrontato uno dei leader tra i beta. Un tacchino che sembrava un mezzo stronzo e non mi piaceva. Mi hanno portato in un locale lontano dalla città e lui è stato un rompiscatole e gliel'ho fatto capire. Lui e un paio di altri hanno smesso di venire con me perché li ho affrontati. Le prime stronzate sono state rimosse.

Poi nel gruppo dei beta ho avuto un atteggiamento presuntuoso, di sfida, di non integrazione e di ostilità. Verso gli alfa e anche verso di loro, così i beta mi hanno lasciato da parte e ho mantenuto solo pochi amici.

C'era un altro ragazzo come me, che era un tipo piuttosto alfa, e che si scontrava con l'alfa numero due, l'alfa più presuntuoso. E anche se ha perso l'incontro, ha dimostrato la sua virilità e ha ottenuto molti riconoscimenti. Lo vedo come il più simile a me in quel momento.

Molti di questi beta erano scontenti dell'alfa e di come venivano trattati, ma nessuno, tranne questo, ha avuto le palle di affrontarli e di dire loro la verità sul loro comportamento.

Quello che ho fatto è stato molto più forte.

Una sera avevano organizzato una festa in un cottage e ci andarono tutti, gli alfa e le beta.

L'Alfa numero uno non arrivava quasi mai, e non arrivò nemmeno quel giorno. Era, per così dire, il mio protettore e sostenitore. Gli altri due alfa, 2 e 3, erano lì a dirigere lo spettacolo. C'erano due ragazze che si erano messe insieme e questo ha aumentato il loro ego e il tifo degli imbecilli che li seguivano.

Sono venuti lì quasi senza guardarci come se fossero degli dei perché hanno portato queste ragazze.

Nel corso della festa e già disinibito, quel giorno mi sono divertito a tratti. Era quasi per la prima volta dopo mesi. Seguendo il mio flusso naturale, mi avvicinai a una delle zie, senza sapere chi fosse. C'erano le zie alfa e alcune altre. **Ero lì a provarci direttamente con lei.** La ragazza mi ha dato una sbaciucchiata. Bisogna dire che era una ragazza del lotto, che si lanciava verso il cicciottello e che risultava essere il flirt del maschio Alfa numero due. Il più macho di tutti. Le beta lo videro e mi spinsero e mi tirarono via dalle sue braccia perché non poteva essere così.

Poi niente, non mi hanno permesso di flirtare e me ne sono andata. È stato un pugno molto forte sul tavolo.

Questa è finita come sposa e credo abbia sposato il maschio alfa, quindi non deve esserne stata molto felice.

Qualche giorno dopo l'alfa n°2 venne a chiedere spiegazioni con il suo tono altezzoso. Non mi ha nemmeno rivolto la parola faccia a faccia, era dietro ad altri e mi ha parlato da lontano per rimproverarmi - Che cosa hai fatto? - E mi ha anche detto: "Sei una piccola aquila". Mi voltai e gli lanciai un'occhiata di traverso. Con sfida, disprezzo e disgusto, gli dissi: **"Le zie sono tue? -**

È stata lei a baciarmi. Tutti sono rimasti con questi dettagli. Questo ha messo i due Alpha contro di me e il top Alpha a mio favore.

Questo alfa n°2, non so cosa gli sia successo, ma si è inibito da tutto e da quel momento ho smesso di preoccuparmi di quel ragazzo, perché non mi dava più fastidio, non mi dava più fastidio, era sconfitto con quella risposta.

Ma l'Alfa numero tre, l'Alfa di status più basso, voleva vendicarlo quando vide che non aveva fatto nulla.

Poi scoprì che avevo una ragazza e mi disse le seguenti parole che ricordo ancora per il suo disprezzo e la sua sminuizione nei miei confronti. Lui disse: "È la tua ragazza? Non la meriti.

Ho tenuto conto di ciò che ha detto e non gli ho risposto né detto nulla. Perché era già guerra totale e l'ho tenuto per restituirglielo con forza. Da quel momento in poi ho mostrato una totale ostilità nei confronti di questo alfa numero 3 e il mio atteggiamento è stato di totale sfida, di totale insubordinazione, nei confronti di tutti tranne che dell'alfa numero uno.

Una sera la mia ragazza era fuori con le sue amiche e ho scoperto che questo stronzo ci provava con lei solo perché era la mia ragazza, per scoparmi e umiliarmi. Ma che ha fallito terribilmente nonostante la sua enorme insistenza nel provarci.

Il semplice fatto che io abbia annunciato che avrei cresciuto la ragazza e non ci sia riuscito gli ha fatto perdere dei seguaci che mi vedevano come il nuovo alfa perché li stavo sfidando sul 2 e 3.

Il momento del rovesciamento dell'alfa numero 3 è stato una notte in cui è apparso l'alfa numero 1 e c'erano 1, 3 e io. Non credo che il secondo non abbia sopportato l'umiliazione e se ne sia andato.

L'Alfa n. 1 mi ha chiesto: "Come va nel gruppo, stai bene? - Ha anche detto: "Esci con il tuo amico? -ha detto, riferendosi all'alfa n. 3. E lì, davanti al suo viso, gli risposi: "**Questo non è un mio amico**". Non appena le beta hanno scoperto questo confronto, gli hanno automaticamente voltato le spalle per aver cercato di rimorchiare la mia ragazza. Per aver fallito e perché l'ho affrontato con due palle e gli ho detto che non è mio amico davanti al capo di tutti. Ha perso il suo status di numero 3 alfa.

Tutte le beta sono venute a fare il tifo per me e mi hanno detto di chiamarle. Lo stavano facendo arrabbiare tutti. Hanno detto che ero uno stronzo, che l'avevo messo al suo posto. Mi hanno acclamato come loro nuovo leader. Volevano che andassi con loro e mi stavano tutti leccando i piedi.

Come mi avevano lasciato da parte quando ero stato battuto e non mi avevano sostenuto, se non quando mi vedevano vincitore. Ho detto loro che nemmeno io sarei andato con loro. Anche se mi hanno dato il potere di decidere tutto. Cosa fare? E sono diventati tutti molto gentili, molto amichevoli e molto bravi.

Ho preso e lasciato il gruppo e il gruppo si è sciolto. L'intera faccenda andò a rotoli, erano senza testa e senza leader.

Quindi, ecco, ho fatto fuori l'intero gruppo. L'Alfa numero uno era ancora là fuori con le sue ragazze, poteva comandare ma non c'era mai. Il numero 2 ha sposato quello che ho baciato e il numero 3 ne ha sposato uno anche lui, in meno di un anno. Sono scomparsi tutti, beta e alfa. Fanculo a tutto.

Anni dopo ne incontrai uno che era stato con l'Alfa numero tre. Avevo cercato di convincerla a diventare la sua ragazza, senza riuscirci. Era la mia ragazza. Ma nessuno l'ha mai scoperto.

Comunque, che scossa!

In poco tempo ho avuto nuovi amici, molto più divertenti e molto più bravi e mi sono divertita infinitamente di più.

La lezione di tutto questo è che ho liberato quei poveri beta dall'oppressione dell'alfa.

Come è successo qui, sta succedendo anche nel vostro gruppo di amici e nella vostra vita. Identificate questi modelli e applicate i comportamenti di successo.

Le opere.

Ovunque sia andato, e sono andato a lavorare in diverse aziende, ho sempre trovato la stessa cosa.

Uomini Beta.

Maschi alfa.

Di solito gli uomini beta occupano posizioni subordinate, ma a volte capita che occupino posizioni dirigenziali.

Gli alfa sono di solito in posizioni manageriali, ma a volte compaiono anche in posizioni subordinate.

Vi spiegherò le combinazioni e cosa accadrebbe in ciascuna di esse.

Maschio alfa calmo che dirige lavoratori beta.

Questa è la situazione normale e in questo caso c'è stabilità nell'azienda, poiché nessuno mette in discussione le decisioni dell'alfa. L'alfa viene lodato da tutti gli altri e trattato con uno status molto più elevato. Lo idealizzano.

In un caso, il capo dell'azienda si trovava addirittura in una posizione fisicamente superiore rispetto ai dipendenti. Gli davano le spalle, in modo che potesse controllarli tutti dall'alto senza che nessuno lo controllasse. Un dominio insultante e disgustoso.

Di solito questi leader alfa non vogliono altri alfa nel loro recinto ed evitano di assumere chiunque possa mettere in discussione la loro supremazia.

Quindi vedrete lavoratori piuttosto brutti o mediocri, timidi e conformisti. Anche le ragazze hanno un profilo basso. Ma all'improvviso una di loro si distingue dalle altre, ed è l'amante del capo, senza alcun dubbio.

Maschio alfa con pretese seduttive che guida lavoratori beta.

Questo caso è estremamente raro, perché il maschio alfa non ha pretese di seduzione sulle sue lavoratrici, ma sono le lavoratrici stesse a venire da lui.

UOMO BETA CALMO CHE guida lavoratori beta.

Anche questo caso è piuttosto raro, perché un beta, una volta in una posizione di potere, userà questa posizione per abusarne e cercare di sedurre le sue collaboratrici. Quindi il fatto che sia tranquillo è piuttosto raro.

Maschio beta con pretese seduttive che guida lavoratori beta.

Si tratta di un caso abbastanza comune in cui il capo è una persona priva di sufficiente leadership e attrattiva e vuole abusare della sua posizione di potere per sedurre le lavoratrici.

A tal fine, assumerà sempre ragazze giovani e belle, anche se la loro formazione non è adeguata, e cercherà in tutti i modi di portarle a letto, con allusioni a promozioni o lavori migliori.

Questo è il caso più comune. Questi beta non tollereranno mai l'assunzione di un alfa nell'azienda perché destabilizzerebbe l'intero assetto e porterebbe via le ragazze.

Maschio beta che gestisce lavoratori alfa.

Questa società non è sostenibile e sarà presto rovesciata, perché la considerano impreparata. Se non lo rimuovono, i lavoratori faranno quello che vogliono. Sono loro che comandano davvero.

Maschio alfa che guida i lavoratori alfa.

Questa società sarà un continuo accumulo di conflitti e scontri, ci saranno lotte di potere e si scanneranno a vicenda.

Gli alfa non collaborano e in genere vanno per la loro strada.

Se tutti sono altamente motivati e coordinati, sarebbe un'impresa fantastica con risultati eccezionali.

Ingresso di un alfa in qualsiasi organizzazione.

Quando ciò accade, si verifica uno shock. Se questo alfa non è protetto da un altro alfa a lui favorevole che gestisce l'azienda, questo accadrà.

Le donne saranno attratte da questo nuovo alfa. Gli altri alfa, se ci sono, si rivolteranno contro di lui e anche i leader, alfa e non, si rivolteranno contro di lui perché ruba loro la ribalta e la leadership.

Nei casi più estremi, ad esempio, quando un nuovo alfa appare e rimorchia una ragazza della compagnia, viene tolto di mezzo. Verrà mandato altrove, o spostato in un altro reparto, in modo da non dover sopportare tale umiliazione. Se può essere licenziato, tanto meglio.

Se prende quello che voleva prendere il capo, che di solito è un beta. Poi cercheranno di fare tutto il possibile per toglierli entrambi di mezzo. O cacciandoli dall'azienda o promuovendoli altrove, cosa che può anche accadere.

Storie personali.

Una volta sono entrato in un'azienda e, appena arrivato, ho visto che erano tutti maschi beta gestiti da altri beta. Ho identificato subito il maschio alfa che era un normale lavoratore. Ce n'era solo uno e mi si è rivoltato contro. Gli altri erano di profilo molto basso, tutte le lavoratrici erano belle e giovani e appena sono entrata c'è stata una rivoluzione in tutta l'azienda.

Mi accorsi subito che piacevo a diverse impiegate e che c'era persino competizione per starmi vicino o per parlarmi. Ho cercato la più bella di tutta l'azienda, che si dà il caso fosse il mio capo. Così sono andato a parlarle.

Era totalmente ricettiva nei miei confronti. In quel momento mi offrì il suo numero di telefono perché la chiamassi, per uscire a bere qualcosa. Aveva 31 anni, sei anni meno di me. Bella, con un gran fisico, molto carisma e molto interessante, una delle migliori nel mio curriculum.

Così lo feci e un giovedì la chiamai e la incontrai dopo il lavoro. Dovevano essere circa le dieci di sera. Sono uscito con lei e ho fatto festa tutta la notte. Ho limonato con il capo e sono andato a letto con lei quella notte. La mattina dopo io rimasi a casa sua e lei andò a lavorare in azienda.

Ero un operatore unico che teneva corsi quando erano necessari, quindi di solito non dovevo andare.

Non appena il capo della beta di questa società ha scoperto che avevo una relazione con lei, mi ha chiamato. Mi ha offerto un'enorme promozione come capo dell'azienda in un'altra comunità. Da quel momento in poi sono stato tenuto lì a lavorare per questo scopo.

Con questo il capo riuscì a togliermi di mezzo perché ero la ragazza che gli piaceva.

Dopo questa futura nomina, ho continuato a esercitare un enorme potere, che è aumentato ancora di più. Le ragazze mi toccavano, mi sorridevano, mi accarezzavano il braccio. Venivano tutti vestiti per vedermi, si agitavano, mi facevano i complimenti, era impressionante. Non ho mai avuto bisogno di luoghi di potere per flirtare. Ma con l'Alfa al posto del potere, il potere aumenta ancora di più. Mi hanno dato un nuovo capo per sbarazzarmi di quello che avevo preso.

Anche questa era affascinata da me e sono riuscita a raccoglierla, ma non soddisfaceva i requisiti di qualità necessari. Mi piaceva l'altra e stavo con lei.

Quando la mia ragazza ha scoperto che ero stato mandato alla quinta figa, ha chiesto al capo un trasferimento per venire con me e lui non l'ha concesso. Gli ha detto direttamente che le piacevo. Poi, quando ha visto che non era stata trasferita con me, invece di lasciarmi, mi ha detto che sarebbe venuta a trovarmi sei volte all'anno. Una ragazza molto brava!

Ho perso una buona occasione per formalizzare con questa che mi ha anche chiesto di farle un figlio. Ma quel che è fatto è fatto, e grazie al fatto di non essermi formalizzato con questo, sono riuscito a raggiungere livelli di seduzione molto alti in seguito. È durato solo un mese, ma è stato intenso, molto intenso.

Alla fine non hanno fatto un cazzo, perché hanno gestito tutto malissimo. Dopo aver fallito l'apertura di un ufficio nell'altra comunità, non ho trovato posto lì. È stata licenziata dall'azienda dopo pochi mesi con delle scuse. La vera causa era la frustrazione del capo nei suoi confronti. Loro contavano su di me, ma io sono diventato presuntuoso e ho detto loro che volevo essere pagato tre volte tanto e che non avrebbero potuto contare su di me se non fosse stato così.

Alla fine io e lei ci siamo lasciati e non sono nemmeno andato come leader o altro, è andato tutto a rotoli. Ma ero molto vicino a ottenere un buon lavoro sulla corsia preferenziale, semplicemente arrivando in azienda e scopando la ragazza più sexy. Per la cronaca, non avevo pretese di promozione o altro, mi piaceva solo quella ragazza. È così che ho imparato come funzionano le cose nelle aziende.

Mi fa un po' ridere il fatto che la gente lavorasse lì per una paga di merda. Nessuna promozione, sfruttato. Sono arrivato io, che ero un ragazzo in fondo alla scala di questa azienda e l'ho stravolta. Ecco perché non bisogna mai sottovalutare un Alfa, anche se ha una posizione molto bassa nell'azienda. Perché tende a salire grazie ai contatti che stringe, alle ragazze che seduce o al suo carisma. Si ricordano ancora di me.

Il lato positivo di questa esperienza è che ho scoperto un modo per salire rapidamente in un'organizzazione.

In un altro sito **ho affrontato anche il capo del gruppo di aziende.** Perché c'erano diverse aziende dirette da un solo uomo. Mi aveva affidato un lavoro molto semplice e non pretendeva molto da me, e poi improvvisamente ha cambiato le richieste su ciò che dovevo fare.

Aveva detto che si trattava di un rapporto di tre o quattro pagine e improvvisamente ha preteso che fosse di cinquanta o addirittura cento pagine. Questo due giorni prima della scadenza.

Gli ho detto che non poteva farlo, che avrebbe dovuto dirlo prima, che aveva gestito male la cosa. Così ha messo al lavoro l'intera azienda e mi ha tolto di mezzo. Quando è arrivato il momento di pagare, il datore di lavoro non ha voluto pagarmi e non ha pagato. Così l'ho denunciato a un centro di arbitrato per ottenere giustizia e essere pagata. Il bastardo si presentò lì e mi offrì una cifra imbarazzante per quello che avevo fatto, circa dieci volte inferiore a quella prevista.

Gli ho detto: "Hai intenzione di pagare per quello che ho fatto?" e lui è diventato tutto rosso. Mi ha dato così tanta soddisfazione vederlo umiliato pagando per quella vergogna, un ragazzo milionario che faceva una cosa così bassa, che era anche colpa sua, che l'ho accettato. La mia vittoria non consisteva nel denaro, ma nel vederlo umiliato.

In linea di principio, quest'uomo mi piaceva molto, ma non tollero che i fallimenti gestionali degli altri vengano addossati ai miei piedi. Con questo, l'azienda è stata chiusa per me per sempre. Forse sono stato l'unico in tutta l'azienda a dirgli la verità e a tenergli testa. È meglio perdere un lavoro che perdere la faccia.

Per prosperare in un posto bisogna abbassare la testa e ingoiare la merda.

Se potete farlo, fatelo, io non posso.

Se seguite questa mia strada, verrete sicuramente cacciati. Mi sono opposto a tutti gli abusi.

Ripensandoci, anche se ho perso il lavoro, credo di aver fatto la cosa giusta. Non potrei in coscienza dire a quest'uomo che va tutto bene e che è colpa mia, quando non è così.

Un Alfa crea il proprio percorso. La sua stessa azienda.

Nella vostra azienda probabilmente sta accadendo la stessa cosa e probabilmente avete identificato alcune di queste situazioni. Spero che questo vi aiuti a capire cosa fare.

Se fate una performance Alpha, ma non così radicale come la mia, sarete in grado di avere successo e di raggiungere i vertici dell'azienda.

Quando e dove rovesciare
un alfa.

Nel film Gangsters of New York, DiCaprio lo dice chiaramente. "Se vuoi rovesciare un re devi farlo davanti a tutti. Per questo cerca di uccidere il macellaio durante la festa del macellaio.

Perché la vostra promozione sia rapida, deve essere fatta in presenza della beta, ma deve essere una presenza massiccia e dovete essere visti da tutti!

L'altra possibilità è quella di farlo in presenza di un Alfa di grado superiore. In questo modo l'alfa superiore si rende conto che siete più validi di quello che avete appena spodestato e vi promuoverà.

Quando rovesciarlo? Quando la guardia è abbassata e non se lo aspetta. Dovete prima conquistare la sua fiducia e assicurarvi che non sappia che siete suoi nemici.

Non appena vedranno che avete affrontato il leader, gli scontenti e i nemici del leader si schiereranno dalla vostra parte. Sarete esaltati fino a diventare l'alternativa all'alfa regnante o l'alfa regnante direttamente.

Un giorno c'era la riunione di quartiere della comunità.

La Presidente stava raccontando la sua storia e io l'ho ascoltata. Stava per terminare il suo mandato e invece di lasciare e proporre un nuovo candidato, ha detto di voler continuare perché era molto impegnata sul tema e così via. Chiede che si proceda alla votazione.

Le persone beta tendono a esprimere la propria opinione con insicurezza, perché non sono conflittuali. Proprio per questo motivo, in questa votazione ha ottenuto solo uno o due sostenitori e gli altri, che erano circa quindici, si sono astenuti. Sono stato l'unico a dire - **mi oppongo!** Si tratta di un'accusa che deve essere più che altro una seccatura, perché in genere non è piacevole. È positivo che sia diversificato. Inoltre, non mi piacciono le **persone che vogliono continuare a ricoprire questa carica** quando non ne hanno bisogno, **perché amano essere lì a dirigere gli altri** quando non è importante.

La Presidente mi ha detto che mi stava mostrando il suo curriculum e io ho pensato: che razza di stronzate sono queste? Nessuno ha avuto le palle di affrontarla o di dire la verità come ho fatto io. Alla fine non è passata all'attacco e la questione è stata lasciata a una nuova riunione dei residenti in cui sarebbe stato eletto il presidente.

Mentre tornavo a casa in ascensore, alcuni vicini mi hanno detto: "Ole tus cojones! - E mi hanno fatto un sacco di applausi per la mia performance.

Non sono andato alla nuova riunione e, senza esserci andato, **sono stato nominato presidente**. Sono sicuro che la mia prestazione ha avuto molto a che fare con questo.

Una performance memorabile.

Grado di attrattività di un Alfa.

Il grado di attrattività di un'Alfa è misurato da due variabili che insieme danno l'attrattività totale. Immagine attraente e personalità attraente.

Immagine attraente. Si tratta del 35% dell'attrattiva totale.

Qui non includiamo solo l'aspetto fisico. Il grado di snellezza, altezza, bellezza, proporzioni. Ma anche gli abiti e gli accessori che vi vestono e vi danno un tocco personale.

È vero che un Alfa non ha bisogno di nulla per essere attraente. Ma è anche vero che gli accessori fanno parte dell'immagine che questa Alfa trasmette e che la caratterizzano e la differenziano. Se avete un messaggio chiaro da trasmettere, usate gli accessori. Ciondoli, anelli, bracciali, orecchini, piercing, tatuaggi, tutto quello che volete. Anche un abbigliamento che trasmetta l'immagine che si vuole dare. Dobbiamo avere ben chiaro quale sia la nostra immagine e avvicinarci il più possibile all'immagine ideale di noi stessi. Questo si ottiene anche con la disciplina e l'immaginazione.

Qui va bene qualsiasi tipo di abbigliamento, purché ci si senta a proprio agio e rispecchi chi si è.

Fisico più vestiti più accessori costituiscono la vostra immagine attraente.

Personalità attraente. Si tratta del 65% dell'attrattiva totale.

Qui includiamo:

Linguaggio del corpo.

Tutti i gesti, i manierismi, i comportamenti, il modo di camminare, il modo di salutare, il modo di guardare.

Cosa dicono.

Che sono parole attraenti, interessanti, motivanti, emotive. Devono trasmettere vicinanza, affetto e attenzione.

Come si dice.

Tono, volume, enfasi, timbro. Una voce profonda e profonda è molto attraente. Cercate di parlare lentamente e con calma, guardando negli occhi l'interlocutore.

La personalità attraente è rappresentata dal linguaggio del corpo e del linguaggio verbale.

Ciò che è nella vostra mente è ciò che trasmetterete attraverso il vostro corpo e il linguaggio verbale. Quindi per essere una persona attraente bisogna innanzitutto avere una mente attraente e pensare in modo interessante. In altre parole, avere in testa un software attraente. Essere divertenti, allegri, amichevoli, piacevoli, leader, carismatici, avere capacità relazionali ed empatia. Capire gli altri, ascoltare gli altri con attenzione. Tutto questo vi darà un'attrattiva molto maggiore di quella fisica e, in definitiva, definitiva.

Una personalità attraente si ottiene trattando gli altri come si vorrebbe essere trattati. Aiutarli, ascoltarli, comprenderli. Essendo una persona affidabile e generosa.

Tipi di interazioni personali.

Esistono tre tipi di interazioni personali.

Amicizia.

Parlare di argomenti casuali, politica, meteo, eventi in generale. In altre parole, argomenti che non hanno un contenuto amoroso o commerciale. L'affinità con una persona si approfondisce sempre di più.

Per affrontare gli argomenti giusti, bisogna valutare bene le idee politiche, religiose e sociali della persona. Se volete essere loro amici, dovrete pensare il più possibile come loro.

Quando due persone si riuniscono, discutono di questi temi e si crea un rapporto tra loro. Ogni volta che interagiscono, il grado di affinità tra loro aumenta, per così dire. Alla fine nasce un'amicizia.

Se volete entrare rapidamente in sintonia con qualcuno, imitate i suoi gesti e la sua postura. Si chiama rapport e consiste nell'assumere una postura del corpo che rispecchi quella dell'interlocutore. Come se foste uno specchio.

Questo non significa che dobbiamo essere falsi e modificare i nostri pensieri per conquistare gli amici. O almeno che questa dovrebbe essere la norma.

Ma se vogliamo essere apprezzati in fretta, fingiamo e inganniamo. È la cosa giusta da fare. Con queste tecniche possiamo ottenere la fiducia di quasi tutti. Tutto ciò che dovete fare è muovervi allo stesso modo, parlare allo stesso modo, avere la stessa postura del corpo e avere la stessa opinione sulle questioni.

Questo non è né buono né cattivo. È semplicemente un'arma che si può usare per piacere alle persone, anche se in modo falso.

Un vero maschio alfa non lo fa mai, perché ha la sua opinione, il suo stile e il suo modo di vedere le cose. Non cerca mai di manipolare gli altri facendogli credere di essere come loro. L'ho inserito perché possiate conoscere un sistema rapido per fare amicizia con una persona che vi interessa, per qualsiasi motivo.

L'amore

Parlando di argomenti piccanti, alludendo, facendo complimenti, scherzando in generale e facendo i birichini, portiamo l'interazione tra due persone nel regno dell'amore.

Per riuscirci perfettamente, dobbiamo costruire una personalità attraente con un'attenzione particolare alla seduzione.

Sguardi intensi, sorrisi maliziosi e soprattutto fiducia in se stessi. Generare comfort con l'altra persona, prestandole attenzione e portando avanti l'interazione in modo attraente. In breve, è difficile da trasmettere, e per questo c'è il libro Seduzione 5.0 che consiglio. Ma per riassumere il tutto in una parola, flirtare. Quello che otterrete è che l'interazione si concluda con una relazione amorosa di qualsiasi tipo.

Affari.

Quando la conversazione riguarda argomenti legati al lavoro. E noi abbiamo qualcosa da offrire a quella persona che potrebbe interessarla. L'interazione si intreccia sempre di più con questi argomenti di carattere commerciale e lavorativo. Può concludersi con un contratto o con una partnership come partner commerciali.

Se vogliamo fare affari con qualcuno, dobbiamo assicurarci che ciò che abbiamo da offrire sia positivo per questa persona. In modo tale che vogliano approfondire il rapporto e avervi al loro fianco negli affari. Devono pensare che forniremo loro dei vantaggi economici. Bisogna sapersi vendere. Dovete dare l'immagine di una persona professionale, seria, laboriosa, coraggiosa e determinata. Trasmettete che non vi arrendete di fronte alle avversità. Siate una persona che ama raggiungere obiettivi difficili. Dobbiamo far capire che siamo un ottimo abbinamento per qualsiasi azienda o organizzazione. Se lo facciamo bene, ci assumeranno.

È necessario un look più professionale. Uno sguardo che va nella zona tra gli occhi e il centro della fronte. Non guardate mai in basso perché è uno sguardo amichevole. Ci dà un aspetto più serio.

Dobbiamo avere piena fiducia nelle nostre capacità e trasmettere entusiasmo all'altra persona. Dobbiamo avere un'enorme fiducia in noi stessi e nei nostri atteggiamenti. Dobbiamo pensare a noi stessi come a un grande match, una persona valida ed efficace, che fa progredire e guadagnare l'intera organizzazione.

Conclusione.

Queste sono le tre interazioni che si possono avere con una persona:

- Amicizia.
- Amore.
- Affari.

Quando iniziate una conversazione, valutate attentamente ciò che vi interessa ottenere. Ci sono solo tre possibilità:

Farsi un amico, sedurre quella persona, fare affari con quella persona.

Atteggiamento alfa

Il maschio alfa è caratterizzato da un atteggiamento risoluto nella vita. È una persona sicura di sé, che affronta le difficoltà e non si lascia sopraffare dalla paura o dalle avversità. Il maschio alfa ha un atteggiamento alfa.

Qualità importanti nell'atteggiamento Alpha.

Sicurezza.

Bisogna avere una grande fiducia in se stessi.

Decisione.

Affrontare le sfide senza paura o esitazione.

Coraggio.

Fare cose rischiose e difficili.

Il gusto del rischio.

Dimostriamo questo gusto investendo tempo, denaro e risorse per acquisire quelle cose materiali o immateriali che ci aiutano a migliorarci. Compiendo azioni difficili che possono costarci una perdita significativa.

Gusto per le sfide.

Raggiungere sfide difficili, motivanti e stimolanti che ci fanno migliorare.

Aiuto.

Aiutare gli altri a tirare fuori il meglio di sé e a dare il meglio di sé in ogni impresa.

Proteggere.

Proteggere i deboli e aiutarli a raggiungere il livello degli altri, al sicuro dagli attacchi altrui.

Difensore.

Difendere sempre gli innocenti, i deboli, gli indifesi come Mikel Knight. Un maschio alfa protegge e difende sempre i suoi.

Motivare.

Motivate tutte le persone del vostro gruppo a lavorare sodo per raggiungere gli obiettivi, perché in seguito sarà molto gratificante.

Leader.

Guidare i gruppi essendo un riferimento e un esempio di duro lavoro, determinazione, coraggio e buone prestazioni.

Partecipare.

Occuparsi dei problemi delle persone ascoltandole e interessandosi sinceramente a loro.

Empatizzare.

Ascoltate i problemi che possono avere e cercate di mettervi nei loro panni. Mettendovi nei loro panni sarete in grado di capirli meglio e di raggiungere una soluzione il più rapidamente ed efficacemente possibile.

Comunicare.

Comunicate i piani a tutti i membri del vostro gruppo, in modo che sappiano qual è il loro ruolo e quanto sono importanti per raggiungere l'obiettivo finale.

Verificate.

Verificate che tutto funzioni secondo i piani. La misurazione avviene attraverso indici che ci aiutano a capire come stanno andando le cose.

Decidere.

Affrontare eventi imprevisti e contrattempi. Essere una persona che decide rapidamente ed efficacemente di modificare ciò che è necessario per raggiungere l'obiettivo finale.

Innovare.

Cercare modi nuovi, più semplici, più economici o più rapidi che ci diano un vantaggio competitivo rispetto ad altre aziende o ad altre persone.

Apprendimento.

Imparare sempre nuove tecniche e concetti che ci aiutino a migliorare noi stessi e il nostro gruppo.

Diffondere.

Diffondete la conoscenza a tutti i membri del nostro gruppo. Se non abbiamo un gruppo, se ci sono persone interessate a questi concetti, diffonderemo la conoscenza e faremo del bene aiutando le persone.

Convincente.

Avere buone capacità di comunicazione per convincere le persone. Motivarsi per raggiungere gli obiettivi.

Vincere.

Raggiungere l'obiettivo finale che ci siamo prefissati in uno qualsiasi dei settori: lavoro, amore, amicizia. Obiettivi personali e obiettivi di gruppo L'obiettivo finale è sempre il successo.

Per un maschio alfa è difficile stare da solo, perché i seguaci compaiono rapidamente. Per tutte queste ragioni, queste qualità sono state piuttosto orientate verso l'approccio di gruppo.

Se vogliamo applicarle a noi stessi, sono altrettanto valide. Ma mi sembra più alfa e più importante per il mondo, essere un leader. Non solo raggiungere i propri obiettivi, ma anche aiutare gli altri a raggiungerli. Questo è l'alfa, guidare.

Dare valore alla mascolinità.

È molto importante che vi valorizziate e che siate orgogliosi di essere quello che siete, un uomo.

Essere un uomo implica una responsabilità. Dovete esserne all'altezza. Per essere un vero uomo bisogna soddisfare una serie di requisiti.

Dovete esserne particolarmente orgogliosi e tenere sempre presente che **siete i migliori**. Dovete essere in grado di affrontare qualsiasi situazione, perché siete un uomo e gli uomini non si tirano indietro.

Evitare atteggiamenti beta come:

- Lamentarsi. Questo non risolve nulla, anzi peggiora le cose.
- Essere pessimisti.
- Bassa energia.
- Procrastinazione.

Al contrario, bisogna essere sempre ottimisti e adattarsi alle circostanze per portare a termine le cose.

Un maschio alfa si impegna a dare il meglio di sé e qualsiasi cosa intraprenda la farà con entusiasmo, fermezza e perseveranza.

Un maschio alfa rispetta le persone e le aiuta a dare il meglio di sé. Li fa sentire importanti.

Un maschio alfa costruisce la propria immagine personale. Attraente per sé e per gli altri. Soprattutto per se stesso.

Non c'è niente di meglio nella vita che essere un maschio forte, sicuro di sé e protettivo.

Le ragazze apprezzano queste qualità e sono attratte da loro.

Un maschio alfa non perde mai le staffe. Mantiene la sua compostezza in ogni situazione.

Esempi di alfa.

L'esempio più chiaro è senza dubbio quello di James Bond. È un ragazzo che, oltre ad avere un'eccellente immagine personale e un ottimo fisico, sa come trattare le persone con educazione. È un tipo a posto, educato e cortese.

Soprattutto, sa molte cose e affronta la situazione sfavorevole con grande abilità e determinazione. Per quanto difficile possa essere, lo supera.

Leonida. Questo è un esempio straordinario. Non ha paura, accetta qualsiasi sfida e si fa rispettare in modo brutale. Preferirebbe morire piuttosto che arrendersi. La sua fiducia in se stesso è immensa. **È al massimo livello**.

Ogni alfa ama le sfide. E ne assume sempre di nuovi.

Nella vita reale e nei tempi attuali, un maschio alfa può essere un pompiere o un poliziotto che compie un'azione pericolosa.

O chiunque aiuti gli altri a rischio della propria vita.

Colui che alza la voce contro l'ingiustizia. Colui che si batte per i diritti delle persone. Chi aiuta gli svantaggiati. Ecco perché chiunque, uomo o donna, può essere un Alfa: è una questione di atteggiamento.

Essere un alfa non vuol dire essere duro, anche se ci sono momenti in cui bisogna esserlo. Non è Clint Eastwood in salotto. È DiCaprio in Wolf of Wall Street. Che, nonostante gli immensi eccessi, ha fatto una cosa molto alfa. Ha guidato. Ha guidato e motivato un team di persone in modo particolare e unico a dare il meglio di sé. Ha affrontato il pericolo, ha accettato le sfide, ha innovato. Si è fatto rispettare. Dall'inizio alla fine, è stato un alfa.

Un Alfa non sottovaluta i pericoli. Capisce bene la situazione e si adatta per superare le difficoltà.

Anche se questo esempio non è molto geek, lo commento perché mi ha colpito. Su youtube c'è un video di combattimenti tra supereroi. C'è un combattimento tra Darth Vader e Batman. Darth Vader dice: "Sottovalutate il potere del lato oscuro". Al che Batman risponde in pieno stile Alpha - **non sottovaluto nulla - ed estrae una spada laser.** Chi se l'aspettava? Ottimo. Con due palle! Che ve ne pare di Batman.

Questo è Alpha. Anticipare le difficoltà che si incontrano e sorprendere con un'azione brillante. Anche se siete inferiori in termini di risorse, vincete con l'astuzia e l'intelligenza.

Un altro esempio straordinario è Magellano. Era un marinaio portoghese che lavorava per i re di Spagna. La gente era sospettosa nei suoi confronti perché non era spagnolo e doveva guadagnarsi il rispetto e l'approvazione di tutti con le sue azioni fedeli alla corona di Castiglia. Il suo obiettivo era raggiungere le isole delle spezie dall'altra parte del mondo, vicino alle Filippine. Invece di seguire la normale rotta intorno all'Africa e all'Asia, voleva trovare un passaggio attraverso il Sud America.

Attraversò immense vicissitudini e quando stava cercando di trovare un passaggio da diversi mesi, una parte dell'equipaggio gli si rivelò. La cosa normale sarebbe stata cedere agli ammutinati e tornare in Spagna come volevano. Ma ordinò al leader di salire a bordo della sua nave per negoziare.

Appena arrivato, lo fecero prigioniero e gli fecero tagliare la testa sul posto. Tutti gli altri ammutinati furono terrorizzati e questa ferocia mise fine alla ribellione.

E anche se questo può sembrare barbaro, ha ottenuto molto.

Fermò la ribellione e ristabilì il controllo.

Riuscì a trovare lo stretto e ad attraversare l'America verso sud. Da allora si chiama Stretto di Magellano in suo onore.

Raggiunse l'Oceano Pacifico non ancora scoperto. E lì, senza sapere quanto fosse grande o come fosse, si mise all'opera per attraversarlo per la prima volta nella storia. Sottolineo che non sapeva quanto fosse grande questo oceano, né quanto tempo ci sarebbe voluto, né altro. L'ha visto e ha detto: "Lo attraverserò"! Avrebbe potuto accontentarsi di trovare il passaggio, ma no, ha continuato! L'ha attraversata e ha raggiunto le Filippine.

Lì si scontrò con un capo locale e morì in una battaglia non richiesta. Sebastian Elcano prese il comando e compì un'altra grande azione. Invece di tornare indietro per la strada che avevano percorso, voleva tornare in Spagna andando avanti. Navigare in Asia e in Africa.

Si è spinto in avanti, un'azione molto Alpha, e ha fatto il giro del mondo per la prima volta.

Così anche Magellano entra nell'elenco degli esempi Alpha. Grazie a quest'uomo e all'azione di tagliare la testa a quell'ammutinato, la Spagna trovò un passaggio, navigò nell'Oceano Pacifico, fece il giro del mondo e riuscì ad aprire una nuova rotta per le spezie. Grazie a lui ottenne immense ricchezze e grandezza.

In breve, gli esempi sono talmente tanti che non credo di poterne citare più di una piccolissima parte. Quelli che conosco.

Un altro esempio è il Cid. Un uomo che aveva un proprio esercito. Un esercito potente come quello dei re e dispensava la sua giustizia qua e là come riteneva giusto.

Combatté contro i Mori e questo non è noto, combatté anche dalla parte dei Mori contro i Cristiani. Aveva un nemico all'interno dei cristiani che era sempre invidioso di lui. El Cid fece una campagna e attaccò le terre di questo personaggio con sangue e fuoco.

Conquistò Valencia dai Mori cento e passa anni prima che i re cristiani vi riuscissero. Vi stabilì il suo regno, che durò solo pochi anni. Dopo la sua morte, i Mori riconquistarono Valencia e nessun re cristiano riuscì a prenderla. Non prima di un secolo e un po' più tardi, come ho detto prima. Un precursore. El Cid era un uomo libero che dispensava giustizia ovunque fosse necessario. Più potenti in battaglia di re e sultani. Con il suo esercito di uomini fedeli, uniti dal suo carisma e dal suo coraggio in battaglia, sconfisse tutti. Gli uomini lo seguivano ovunque andasse. C'è qualcosa di più Alfa di questo?

Quindi la mia classifica sarebbe la seguente.

1 Leonida.

2 El Cid.

3 Magellano.

Altre posizioni di rilievo che non commenterò per non entrare troppo nel dettaglio sono: Shakelton, Alessandro Magno, Giulio Cesare, Napoleone.

Alcuni hanno compiuto barbarie e cose terribili e non sono esempi di vita. Ma io guardo all'atteggiamento e alla leadership di Alpha.

Non è necessario che siano grandi eroi dell'antichità. Chiunque aiuti gli altri a rischio della propria vita è un eroe in questa lista.

Il maschio silverback.

In natura, i gorilla sono organizzati con un sistema sociale molto interessante.

I maschi dominano e, a seconda della forza e del potere di cui dispongono, salgono nella scala del potere.

Abbiamo quindi i maschi adolescenti, poi i maschi adulti, gli sfidanti e infine il maschio alfa, noto anche come maschio silverback.

Questa grande scimmia ha una forza enorme (circa 20 uomini) e sconfigge tutti i suoi avversari fino a quando non arriva un altro maschio a pieno titolo e lo sconfigge. Il maschio silverback si prende tutte le femmine e nessun altro maschio può stare con una femmina a meno che non la sconfigga per primo. Sono 200 chili di pura bestia muscolare.

Se ci lamentiamo che per noi uomini è dura, per i gorilla è molto peggio. Una volta sconfitto, il maschio di silverback lascia il gruppo per morire da solo.

Il silverback è così chiamato perché la sua schiena è ricoperta di peli grigi. Simboleggiano la forza. È quando compaiono i peli grigi sulla schiena che il maschio è in piena forma.

Noi, come specie scimmiesca, agiamo in modo simile. Quindi le femmine saranno attratte da un maschio con i capelli grigi. Proprio come il gorilla è attratto dal maschio silverback.

I capelli grigi sono un segno di status, forza e potere e questo è anche nel subconscio delle nostre ragazze. Nella preistoria accadeva la stessa cosa e sicuramente il capo della tribù, il maschio alfa, era un maschio i cui primi capelli grigi cominciavano già a comparire.

Quindi, se avete superato i 40 o i 50 anni, invece di tingervi i capelli grigi, portateli con orgoglio: sono un segno di status.

Essere un maschio dai capelli d'argento.

Violenza alfa in un confronto.

Ho detto che un alfa non evita mai il confronto, ma voglio qualificare questo punto.

Un alfa, quando inizia il confronto, è sempre educato e piacevole ed evita con ogni mezzo, attraverso il dialogo, che il confronto degeneri in violenza.

Questo non avviene per paura dell'avversario, ma per paura di fare del male alla persona. Una persona che in quel momento si comporta in modo sgradevole, ma che in realtà deve essere una brava persona. Sta solo passando un brutto momento. Ma soprattutto l'alfa si trattiene perché potrebbe essere molto dannoso per quest'uomo se dovesse fare a pugni.

L'alfa si impegnerà quindi in un dialogo educato e cercherà di evitare la violenza, con il sorriso sulle labbra, dando più della controparte.

È solo quando l'altra persona diventa ostinatamente aggressiva e inizia a maltrattarla che l'Alfa tira fuori il suo potere in modo intimidatorio. E se l'altra persona non si calma, alla fine dovrà ricorrere a una violenza moderata e misurata per non danneggiare l'avversario. Questo è Alpha.

Il falso Alfa.

Il vero alfa è buono. La bontà è la caratteristica più importante per capire se una persona che ha attributi alfa è un vero alfa o no. Il vero alfa cerca sempre di fare giustizia, di aiutare gli altri. Ecco perché **un vero alfa vi loderà sempre**, vi apprezzerà e riconoscerà i vostri meriti.

Oggi, soprattutto in televisione, sono emerse figure autoritarie che pretendono di essere degli alfieri. Hanno un atteggiamento presuntuoso e di sfida e non fanno altro che umiliare, sminuire, sottovalutare, ridicolizzare, **di norma,** i loro simili. Questi falsi alfa non lodano mai nulla e mostrano sempre un'espressione super-seria. Sono sempre assillanti e umilianti, fingono di essere esigenti e perfezionisti.

Un Alfa non è così. Questi falsi alfa hanno molto portamento e sicurezza, ma non sono un vero maschio alfa. Un vero maschio alfa può compiere raramente un'azione simile, ma apprezzerà e incoraggerà immediatamente la persona rimproverata. Non questi, a loro piace umiliare. Trasferiscono la frustrazione che si portano dentro per la consapevolezza di non essere veri maschi alfa sotto forma di rimproveri e disprezzo agli altri.

In futuro prevedo il riemergere del vero maschio alfa una volta che tutti questi malfattori saranno smascherati e abbandonati dai seguaci.

Perché alla fine la rettitudine e la bontà prevalgono sempre sui falsi profeti e sulle persone malvagie.

Il pericolo di non confrontarsi.

Il maschio alfa si confronta sempre. Il **maschio alfa risponde sempre** alle sfide. Il maschio alfa si oppone sempre all'oppressore.

Soprattutto se chi si confronta è un beta. È obbligo dell'alfa confrontarsi. Per questo è un alfa, perché si confronta. Fa parte della sua essenza. Se qualcosa non gli piace lo dice, se qualcosa lo infastidisce lo dice, se c'è un'azione riprovevole, rende noto il suo disaccordo.

Se il confronto non avviene, il maschio alfa viene degradato e diventa automaticamente un beta. Finché non si confronterà con l'oppressore, si comporterà come un beta e questo minerà gradualmente il morale dell'alfa. Se non fa questo confronto, finirà per diventare un beta non solo in quella situazione, ma in tutte le situazioni! Timido, timido, insicuro, gradevole, disponibile, insomma, un vigliacco!

Confrontarsi sempre! Chiunque sia l'avversario.

Accordatura.

All'inizio degli anni Duemila e alla fine degli anni Novanta era molto di moda mettere a punto le auto per migliorarne le prestazioni.

Certo che ero coinvolto in questo mondo, certo che lo ero! Mi piacevano molto la velocità, l'estetica e tutte quelle cose pacchiane e di cattivo gusto.

Le macchine non funzionavano molto bene e si è dovuto intervenire per migliorarle.

Scarichi, collettori, candele, cavi, rimozione del convertitore catalitico, sospensioni, freni, abbassamento dell'altezza dell'auto, filtri dell'aria. Un sacco di cose che hanno fatto un po' di tutto, ma sembrava molto, e ne siamo stati molto soddisfatti.

In seguito sono arrivate auto molto più potenti e non è stato necessario intervenire su di esse. Inoltre, sono diventati molto più restrittivi nell'ITV, così hanno rovinato tutto e l'industria è scomparsa con una cattiva reputazione.

L'aspetto interessante di tutto questo è che mi sono reso conto di una cosa.

Tutti i clienti di questi posti erano ragazzi con lo stesso profilo.

Erano ragazzi belli e prestanti.

Ho iniziato a riflettere su questo argomento e sono giunto alla conclusione più che interessante che il corpo muscolare stesso produce ormoni che incitano al rischio, alla violenza, alla velocità. Tutto ciò che è pericoloso. Non eravamo semplici clienti, ma il corpo stesso chiedeva queste sensazioni e questa industria le forniva.

Quindi queste officine erano piene di maschi alfa che volevano aggiungere cavalli al loro veicolo.

Tra coloro che non si sono uccisi in quel periodo selvaggio, c'ero io, e ora scrivo questo perché la gente sappia cosa è successo.

Quindi, in realtà, tutti questi ragazzi muscolosi non sono da biasimare per le loro azioni rischiose, perché la vita stessa richiede adrenalina.

Il maschio alfa e la
seduzione.

Ho già scritto molto su questo argomento nel mio libro Seduzione 5.0, ma voglio sottolineare un po' che cos'è un maschio alfa nella seduzione.

Il maschio alfa nella seduzione è un uomo:

- Interessante.
- Attraente.
- Assicurazione.
- Abbastanza indifferente alle ragazze.
- Soprattutto, è selettiva.

Il maschio alfa, al contrario del seduttore che ne seduce il più possibile, cerca la qualità.

Perciò è molto duro e non si può attrarlo offrendogli del sesso, perché non lo cerca. Cerca la bellezza interiore ed esteriore e ha standard molto elevati da rispettare.

Pertanto, un'azione molto ripetuta dell'alfa è quella di respingere la ragazza. Prima di iniziare e a volte anche una volta iniziata la relazione, lui la rifiuta. Se si accorge che lei non è come pensava. La gente è scioccata e pensa: "Come ha fatto a perdersi una ragazza così bella? Ma l'alfa sa di aver fatto bene perché lei non è al suo livello.

L'alfa ha molte ragazze desiderose di stare con lui, perché apprezzano tutte le sue qualità. Non è un seduttore, è un uomo duro e affascinante.

Tende ad avere poche relazioni e molto durature con ragazze di incredibile bellezza.

I beta.

La maggior parte delle persone sono beta. Sono persone che hanno bisogno di approvazione e convalida per tutto ciò che fanno per qualcun altro. Non hanno piena fiducia in se stessi. Per questo motivo ruotano intorno a un alfa che idolatrano e a cui guardano come fonte di ispirazione. Seguono le linee di pensiero dell'alfa.

Sono persone deboli, che hanno difficoltà a prendere decisioni, un po' insicure e dipendenti dagli altri.

Cercano l'approvazione e di sentirsi integrati. Non possono attraversare la vita da soli perché hanno paura. Cercano stabilità e sicurezza, evitando i rischi. Queste persone si accontentano di lavori e stipendi peggiori, fidanzate peggiori, beni peggiori e status peggiori. Lasciano ad altri il compito di guidare. Sono semplici seguaci. Se una persona di questo tipo viene collocata in una posizione manageriale, sarà caratterizzata da una scarsa capacità decisionale e delegherà assolutamente tutto agli altri. Sarà un uomo di paglia che non dà ordini e non decide nulla.

Sono persone che vogliono piacere a tutti i costi e che non sono pienamente rispettate. Spesso li prendono in giro e non ascoltano quello che dicono. Mancano di autorità.

Il massimo che riescono a ottenere è una copia mal riuscita del loro leader. Non hanno una personalità propria e idee proprie, ma sono burattini manovrati da altri. Pertanto, penso che ci debbano essere leader e seguaci. Ma preferirei sicuramente essere una persona con caratteristiche di leadership piuttosto che un semplice seguace beta.

Cercate di fare qualcosa di creativo nella vostra vita. Almeno se non siete un leader, cercate di differenziarvi dagli altri e di essere unici e speciali.

Il potere intimidatorio
del maschio alfa.

Tutto nella vita è osservazione, non basta guardare, bisogna vedere, guardare e notare le cose. Gli eventi si ripetono, i personaggi si ripetono, le situazioni si ripetono e tutto ha un finale prevedibile, perché si ripete continuamente.

Così, osservando la vita, ho capito che ci sono persone che si fanno rispettare in modo intimidatorio e spaventoso.

Sono leader molto forti, maschi alfa di alto livello che trascinano tutti gli altri con la loro forza e determinazione.

Sono molto potenti nell'arte di intimidire e spaventare rivali e nemici. Lo fanno con uno sguardo d 'odio, con una faccia truce, gridando a squarciagola, premendo e avvicinandosi agli avversari e invadendo il loro spazio personale.

È una dimostrazione di forza che contiene questi elementi:

- Sguardi assassini.
- Gridare.
- Intimidazione.
- Gesticolazioni violente.
- Facce da pazzi.
- Gli occhi sono selvaggi.
- Spinta.
- Invasioni dello spazio personale.
- Schiaffo.

Molto simile alle esibizioni degli scimpanzé alfa per intimidire un avversario. L'obiettivo in entrambi i casi è quello di intimidire e umiliare l'avversario.

Tutto lascia intendere che sta per verificarsi una forte aggressione fisica, perché i due sembrano totalmente spaesati. Quindi l'avversario deve essere molto intimorito.

Ne sono un esempio calciatori come Oliver Kahn, il portiere tedesco, o Fernando Hierro. Anche Fabián Ayala che, pur essendo piccolo, aveva degli occhi pazzeschi e spaventava a morte i suoi avversari. Quando il maschio alfa esaurisce la pazienza, bisogna tremare. Uomini da temere e rispettare.

Il fusto della palestra contro il bruto del villaggio.

Per quanto riguarda la forza, per i miei gusti ci sono due livelli.

Il tipico fusto da palestra che passa tutto il giorno a fare pesi, si ipertrofizza e sembra un supereroe.

E dall'altra parte c'è un ragazzo meno grande, che sembra più normale e meno forte, ma se lo si guarda da vicino è una vera bestia. Il bruto del villaggio.

Il fusto della palestra avrà un corpo più bello, più formoso, più esteticamente gradevole. E sì, sarà forte, molto forte.

Ma in termini di forza, ha poco da fare contro il bruto del villaggio, che ha una forza sovrumana. E ancor meno in un combattimento.

Dove finisce la forza del fusto, inizia quella del bruto del villaggio.

Il fusto fa i pesi nel calore della palestra. Seduti su macchine confortevoli. Non è così difficile come quello che fa il bruto del villaggio.

Il bruto del villaggio lavora con asce, zappe, falci, trattori, sacchi e altri attrezzi. Praticamente dalla nascita alla morte. Al freddo, all'aperto, per ore e ore ogni giorno. Questo bruto del villaggio è molto più duro di qualsiasi altro ragazzo della palestra e chiunque lo affronti lo batterà.

Argomentazioni conclusive a favore dei maschi alfa.

O ggi va molto di moda criticare gli uomini e farci passare per selvaggi violenti e primitivi. Ma è così che siamo stati per millenni.

L'uomo cerca il rischio e il maschio alfa ancora di più.

Quando si trovavano nelle caverne, alle femmine piaceva il maschio alfa e avevano bisogno di lui per sopravvivere. Le cose non sono cambiate molto e il maschio alfa è ancora indispensabile. Svolge la stessa funzione in modo più sottile. Per proteggere e servire, come la polizia!

Il maschio alfa è in grado di gestire livelli di rischio molto più elevati rispetto alle persone normali. È più capace e più valido. Pertanto, le ridicole regole che governano l'intera società non dovrebbero applicarsi a quest'uomo. Dovrebbe avere standard separati.

Particolarmente ridicole sono le norme sui limiti di velocità sulle strade. Perché la capacità manifesta dell'alfa è infinitamente superiore ai limiti fissati. Ma bisogna cercare di rispettarli perché non voglio essere responsabile del fatto che qualcuno venga ucciso a causa di ciò che dico. In Germania le persone sfrecciano in autostrada e non ci sono così tanti incidenti come qui. Perché la velocità non è correlata agli incidenti. È la velocità del tipo di strada a determinare il rischio di incidente. Quindi si può andare a 250 in autostrada senza rischi, e a 70 su strada con rischi.

Bisogna essere molto orgogliosi di essere uomini, checché ne dicano.

La società ci sta portando a diventare una sorta di Net Flanders. Il mondo che stanno inventando è quello di "Demolition man", dove i personaggi di maniera ci salutano dicendo "Buongiorno! Persone pudiche, non mascolinizzate, ridicole, e non è così che dovrebbero essere le cose.

Persone che rispettano alla lettera tutte le regole e che sono tanto più felici quanto più le loro libertà sono limitate. Piccole persone senza identità o mascolinità la cui principale aspirazione è sopravvivere. Apocare i lavoratori sfruttati che non protestano di fronte agli abusi. In breve, i beta. Deboli. Ma sappiamo tutti che **la vita non perdona i deboli**.

Sostengo che l'ordine naturale non debba essere corrotto da beta che guidano gli alfa.

Rivendico qui e ora l'orgoglio di essere uomo e l'orgoglio di essere eterosessuale.

Sono anche orgoglioso di essere forte, coraggioso e intraprendente. Macho!

Per quanto possano provarci, non riusciranno mai a smascherare il maschio alfa.

⁂

Per sempre Alphas!
Viva il maschio alfa!

Giochiamo!

Autore John Danen

Don't miss out!

Visit the website below and you can sign up to receive emails whenever John Danen publishes a new book. There's no charge and no obligation.

https://books2read.com/r/B-A-FUKJ-OMZDC

BOOKS2READ

Connecting independent readers to independent writers.

Did you love *Uomo Alfa*? Then you should read *Il Fallimento Dell'amore.*[1] by John Danen!

[2]

L'amore fallisce, le relazioni si rompono. A volte il tormento peggiore è che queste relazioni disfunzionali non si spezzano e si vive all'inferno. È di questo che parla il libro: di come una relazione tossica vi danneggi e di come uscirne.

---

1. https://books2read.com/u/md19EO

2. https://books2read.com/u/md19EO

Also by John Danen

Seduction 5.0
S.A.X.
Chicas complicadas
Seducción 5.0
El libro del tonto
Macho Alpha
Macho alpha extracto
La seducción después de la pandemia
Terriblemente atractivo
Seducción 5.1
Sedução 5.1
How to be Cool and Attractive
Sedução. Avançada. X.
Garotas complicadas
¡Basta de ser buen chico! Sé un chico malo.
El método JD. El método de seducción de John Danen
El arte de agradarte a ti mismo
¡Basta ya de abusos! ¡Defiéndete!
Enought with the abuse! Defend yourself!
Máster en seducción
Las mujeres. El amor. Y el sexo.
Supera la dependencia emocional
Atrae mujeres con masculinidad
JD Absoluta seducción
El fracaso del amor

Entender a las mujeres

La vida del seductor sinvergüenza y encantador.

El arte de la dureza

Terrivelmente atraente

Deixe de ser um bom da fita! Seja um mauzão.

Superar a dependência emocional

A arte de se agradar

Pare o abuso! Defenda-se!

O fracasso do amor.

O método JD

Overcome Emotional Dependency

Stop Being a Good Boy! Be a Bad Boy

Complicated girls

The Art of Pleasing Yourself

Duro y Sinvergüenza

Mestre en sedução

JD Method

The Failure of Love. The Trap of Serious Relationships

Master in Seduction

A. S. X. Advanced. Seduction. X

Women. Love. Sex

Alpha Male

Attract Women with Masculinity

JD Absolut Seductión

Understanding Women

The Life of the Shameless and Charming Seducer.

The Art of Toughness

Tough and Shameless

Überwindung der Emotionalen Abhängigkeit

Maître en séduction

Schrecklich Attraktiv

Surmonter la Dépendance Émotionnelle

L'art de la dureté

Die Kunst der Zähigkeit
Hör auf, ein guter Junge zu sein, sei ein böser Junge
Assez D'être un Bon Garçon ! Sois un Mauvais Garçon.
Die Kunst, sich Selbst zu Gefallen
Dur et sans Vergogne
Hart im Nehmen und Schamlos
L'art de se Plaire à soi-Même
Das Scheitern der Liebe
L'échec de L'amour.
Meister der Verführung
Die JD-Methode
Maestro di Seduzione
Terriblement Attrayant
La Méthode JD
Capire le donne
Compreendendo as Mulheres
Comprendre les Femmes
Die Frauen Verstehen
Les Filles Compliquées
Komplizierte Mädchen
JD Séduction Absolue
La Vie du Séducteur Charmant et sans Vergogne
Les Femmes. L'amour. Et le Sexe.
Mâle Alpha
S.A.X.
V.F.X.
Donne. Amore. E il sesso.
Ragazze Complicate
Superare la Dipendenza Emotiva
Seduzione. Avanzata. X.
Dark Seducción
Il Fallimento Dell'amore.
Il Metodo JD

Alphamännchen
Atrair Mulheres com Masculinidade
Attirare le donne con la Mascolinità
Attirer les Femmes par la Masculinité
Mit Männlichkeit Frauen Anziehen
Frauen. Liebe. Und Sex.
L'arte di Piacere a se Stessi
Mulheres. Amor. E Sexo.
JD Seduzione Assoluta
Перестань быть хорошим мальчиком! Будь плохим мальчиком.
JD Absolute Verführung
JD Sedução Absoluta
Das Leben des charmanten, schamlosen Verführers
Smettila di Fare il Bravo Ragazzo! Essere un Cattivo Ragazzo.
La Vita del Seduttore Affascinante e Spudorato
A Vida do Sedutor Encantador e sem Vergonha
Macho Alfa
Uomo Alfa
Séduction 5.0
Verführung 5.0

About the Author

Español.

Soy un hombre vividor y divertido que busca el lado bueno de las cosas siempre.

Mi experiencia es el campo de las relaciones personales y de la seducción. Por eso tras dedicarme larguísimas décadas a ello, quiero trasmitir mis conocimientos. Para que las nuevas generaciones tengan unos conceptos que les den una ventaja competitiva sostenible y poderosa en el campo del amor.

Quiero ayudarte a a conseguir tus metas.

Portugués.

Sou um homem animado, e divertido, que sempre procura o lado bom das coisas.

Minha experiência está no campo das relações pessoais e da sedução. É por isso que, após décadas de dedicação a ela, quero transmitir meus conhecimentos.

Quero ajudá-los a alcançar seus objetivos.

Inglés

I am a lively and fun man, who always looks for the good side of things.

My experience is in the field of personal relationships and seduction. That is why, after decades of dedicating myself to it, I want to pass on my knowledge. So that the new generations have concepts that give them a sustainable and powerful competitive advantage in the field of love.

I want to help you achieve your goals

Français Je suis un homme vif et drôle qui cherche toujours le bon côté des choses.

Mon expérience se situe dans le domaine des relations personnelles et de la séduction. C'est pourquoi, après m'y être consacré pendant des décennies, je veux transmettre mes connaissances. Pour que les nouvelles générations disposent de concepts qui leur donnent un avantage concurrentiel durable et puissant dans le domaine de l'amour.

Je veux vous aider à atteindre vos objectifs.

www.ingramcontent.com/pod-product-compliance
Lightning Source LLC
Chambersburg PA
CBHW071213130726
47998CB00002B/727